Kauderwelsch

Richard H. Kölbl

Bairisch

das echte Hochdeutsch

Kauderwelsch
Band 106

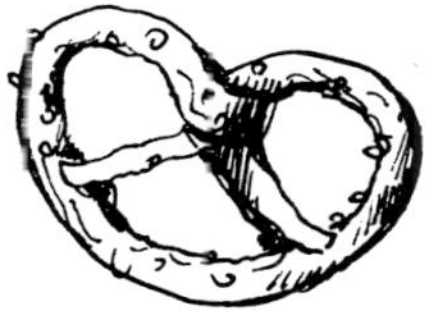

Impressum

Richard H. Kölbl
Bairisch — das echte Hochdeutsch
erschienen im
REISE KNOW-HOW Verlag Peter Rump GmbH
Osnabrücker Str. 79, D-33649 Bielefeld
info@reise-know-how.de

6. Auflage 2006

Bearbeitung Josef Overberg, Michael Blümke
Layout Kerstin Belz
Layout-Konzept Günter Pawlak, FaktorZwo! Bielefeld
Umschlag Peter Rump
Kartographie Iain Macneish & Thomas Buri
Illustrationen Andreas Dorfey
Druck und Bindung Fuldaer Verlagsanstalt GmbH & Co. KG, Fulda

ISBN-10: 3-89416-306-2
ISBN-13: 978-3-89416-306-8
Printed in Germany

Dieses Buch ist erhältlich in jeder Buchhandlung der BRD, Österreichs, der Schweiz und der Beneluxländer. Bitte informieren Sie Ihren Buchhändler über folgende Bezugsadressen:

BRD Prolit GmbH, Postfach 9, 35461 Fernwald (Annerod) sowie alle Barsortimente
Schweiz AVA-buch 2000, Postfach 27, CH-8910 Affoltern
Österreich Mohr Morawa Buchvertrieb GmbH, Sulzengasse 2, A-1230 Wien
Benelux Willems Adventure, Postbus 403, NL-3140 AK Maassluis
direkt Wer im Buchhandel kein Glück hat, bekommt unsere Bücher zuzüglich Porto- und Verpackungskosten auch direkt beim Verlag oder über unseren Internet-Shop:
http://www.reise-know-how.de

Zu diesem Buch ist ein **Tonträger** (Audio-CD) erhältlich, ebenfalls in jeder Buchhandlung der BRD, Österreichs, der Schweiz und der Benelux-Staaten.

Der Verlag möchte die **Reihe Kauderwelsch** weiter ausbauen und **sucht Autoren**!
Mehr Informationen finden Sie auf unserer Internetseite
www.reise-know-how.de/buecher/special/schreiblust-inhalt.html

Kauderwelsch-Dialektführer sind anders!

Warum? Weil sie die Zugereisten - egal ob touristisch oder beruflich - in die Lage versetzen, das Kauderwelsch der alteingesessenen Bewohner vor Ort mit all seinen fremdartig und zuweilen lustig klingenden Lauten und Ausdrücken wirklich zu verstehen, und sich gekonnt in die **Lebensart, das Lebensgefühl, die Lebensphilosophie** der Menschen vor Ort einzufühlen. Denn ein Dialekt ist nie nur eine andere Art zu sprechen, sondern der Spiegel einer anderen Art zu denken, fühlen, genießen, leben und lieben.

Wir verzichten daher auf lange sprachwissenschaftliche Abhandlungen über die Herkunft des Dialektes und kommen nach den **grundlegenden lautlichen und grammatikalischen Unterschieden** gleich zu dem, was Alteingesessene auf der Straße und Zuhause sprechen. So wird es ein Leichtes dem Charme des trockenen Humors und der bildreichen Sprache der deutschen Dialekte und Mundarten zu erliegen.

Die **Autorinnen und Autoren** werden Sie immer wieder zum Schmunzeln bringen und gekonnt Mentalität und Lebensgefühl des jeweiligen Sprachraumes vermitteln. Es erwarten Sie sprachliche Leckerbissen, gespickt mit **umgangssprachlichen Floskeln, Redewendungen und lockeren Sprüchen**, die den Mutterwitz der Bewohner charakterisieren.

Glücklicherweise gibt es noch Menschen - alt und jung, Zugereiste oder Alteingesessene - , die das **Hochdeutsche** mit Liebe links liegen lassen und Ihnen mit einer gehörigen Portion Dialekt einige Rätsel aufgeben. Das gilt natürlich auch für **Wienerisch** oder **Schweizerdeutsch**.

Und weil's so schön ist, erfreut sich manch ein Dialekt auch weit über die eigentlichen Sprachgrenzen hinaus großer Beliebtheit wie z. B. **Kölsch** - die Sprache der Domstadt am Rhein -, oder **Berlinerisch** - man denke da nur an Kennedy's Ausspruch "Ick bin ein Berliner"-, oder **Sächsisch**, was nach der Wende besonders oft scherzhaft nachgeahmt wurde.

Inhalt

Vorwort

Europa rückt zusammen! Fremde Völker kommen einander näher, fremde Kulturen beschnuppern sich, man staunt, entdeckt, lernt Neues und Unerhörtes kennen, übernimmt manche Art und Unart seiner Nachbarn. Das ist gut für uns alle, merkt man doch, dass die „Anderen" auch Menschen sind wie man selber. Auch wenn sie unverständlich oder sogar ein bisserl komisch reden.

Und es gibt viel zu entdecken, sogar innerhalb der Grenzen Deutschlands. So habe ich mich denn aufgemacht von den weißblauen Fluren, wo ich den ersten Lichtblick getan habe, überschritt mutig den Weißwurschtäquator und habe – wenn schon, dann gscheit! – erst dort wieder halt gemacht, wo Deutschland im Norden fast schon wieder aufhört. Drei lange Jahre habe ich die Raps- und Grünkohlfelder durchstreift, habe viele nette Menschen getroffen, ein bisschen Platt gelernt. Vor allem habe ich den Kenntnisstand der nördlichen Bevölkerung über die Menschen ausgelotet, die wie ich aus dem im Norden seltsamerweise sogenannten „Dunkeldeutschland" kommen.

Ganz gleich, wie ich mich äußerte: ob ich bloß gegähnt hab oder mich auch nur wortlos mit Zeichensprache verständigte – ich war sofort als „dunkeldeutsch" geoutet! Dies rief stets neben Heiterkeit auch den Zwang der „Helldeutschen" (darf ich so sagen?) hervor, ihre Süddeutsch-Sprachkenntnisse hervorzukramen und mich aufs Netteste zu begrüßen: **Jooh may, aa Bootsie! Krüaßtie Bootsieh, moxta Mooßl? Joh may, aa Wotschen!**

Ich kam zu den Schluss, dass sich die nordländischen Bairischkenntnisse auf die vier Ausdrücke **ja mei, Bazi, Maß** und **Watschen** beschränken, wovon über den richtigen Gebrauch der ersten beiden offenbar nur diffuse Vorstellungen herrschen. Zwar ist erfreulich, dass somit das Überleben zumindest dieser vier bairischen Ausdrücke gesichert ist (bei den anderen bin ich mir nicht hundertprozentig sicher), aber schade wäre es, wenn der richtige Gebrauch von **ja mei** und **Bazi** verloren ginge. Was lag da näher, als eine kleine Gebrauchsanweisung dafür zu schreiben, wo ich auch noch das eine oder andere „andere" Wort miterwähne, wenn ich schon mal dabei bin. Dabei entstand genau dieses Bücherl, das Sie, geschätzte Leserin, geschätzter Leser, in Händen halten. Es ist für alle die gedacht, die keinen germanistischen Herzinfarkt bekommen, wenn ich schreibe: Bairisch ist kein schlampig genuscheltes, falsches Deutsch! Bairisch, das ist Sprache gewordene Lebensart, Lebensgefühl, Lebensphilosophie. Es ist sozusagen unser Betriebssystem, das Innerste, mit dem alles, und ohne das eigentlich nichts richtig läuft! Bairisch spricht man nicht nur, man denkt, fühlt, bewertet, lebt und liebt bairisch.

All die vielen in Bayern ansässigen Nichtbayern, die ein bisserl Interesse an der hier seit Jahrhunderten gewachsenen Sprachkultur haben, die wissen möchten, was hinter all den ungewohnten Lauten und Ausdrücken steckt, sei dieses Buch gewidmet. Vielleicht ist es aber auch für in Bayern Geborene von Nutzen, deren elterliche Fürsorge sie vor schulischen Nachteilen durch allzu intensives Dialektsprechen bewahrte ... was meist zum sogenannten **breissln** führt. Wie dem auch sei: Wer das Ganze nicht allzu bierernst sieht, keine wissenschaftliche Abhandlung erwartet, dem wünsche ich beim Durchblättern und Lesen genausoviel Spaß an der Freud, wie ich sie beim Recherchieren und Darstellen meiner heimatlichen Sprache hatte!

Hinweise zur Benutzung

Das Schwierigste bei der Darstellung einer Mundart ist natürlich die Umschrift. Ich habe mich bemüht, eine möglichst einfache zu finden, die besonders die Nichtbayern befähigen soll, die Laute halbwegs nachzuvollziehen. Es ging dabei nicht ohne zwei Besonderheiten: das **ā**, welches ein helles „a" wie im englischen Wort „but" ist, und das **å**, das wie ein offenes „o" in „Dorf, dort" klingt. Mit Hilfe von Experimenten an lebenden Norddeutschen habe ich auch herausgefunden, dass diese die Umschrift **Dinddn** viel bairischer aussprechen als **Tintn** und dass sie – mit Ausnahme der Hamburger – ein **Gspusi** ebenso richtig als **Gschbusi** lesen. Man kann also alle bairischen Wörter einfach genau so ablesen, als wären es deutsche. Da nasale Vokale nur mehr regional begrenzt zu hören sind, habe ich eine extra Kennzeichnung meist weggelassen.

In Diphthongen (Doppelvokalen) mit „a", also „oa, ia, ea, ua", wird das „a" immer hell ausgesprochen. Um das Schriftbild nicht zu unruhig werden zu lassen, habe ich den für das helle **ā** sonst vorgesehenen Hochstrich weggelassen. Also: **oa** klingt eigentlich wie **oā**, **ia** wie **iā** usw.

Beim Wortschatz und den Redewendungen habe ich vorwiegend „allgemeinbairisches" Wortgut verwendet, das im gesamten bayrischen Sprachraum zumindest verstanden wird und das ich selbst mindestens einmal noch aktiv gebraucht gehört habe. Seltene, nahezu vergessene oder eher ländliche Ausdrücke (ist meist alles dasselbe) habe ich mit einem * gekennzeichnet.

Ganz klar – es gibt je nach Region, Lebensart, Beruf, sozialer Stellung usw. noch eine ganze Masse von Wörtern, die in diesem Buch fehlen oder einfach nur anders ausgesprochen werden. Um so besser – das zeigt, dass unsere schöne bairische Sprache noch lebenskräftiger ist, als es manchmal den Anschein hat. Alles kann in ca. 140 Seiten nicht drin sein und allen kann man es eh' nicht recht machen. Zusammengefasst findet man die Wörter in der Liste am Schluss mit der jeweiligen Seitenzahl dazu, wo sie auftauchen.

Am Besten genießt man diesen Streifzug durch das Bairische mit einer frischen Maß vor sich und einer guten Portion Humor. So und nicht anders war dies Büchlein gedacht, und jeder, der noch mehr wissen möchte, sei auf die Literaturliste am Schluss verwiesen.

Bayern und das Bairische

Für den Norddeutschen ist es meistens klar: ab der Elbe südwärts spricht man Süddeutsch, „Dunkeldeutsch", Bairisch – alles irgendwie „datselbe". Ein bisserl enger und genauer sollten wir das allerdings schon fassen können. Schauen wir doch mal, woher die Bayern eigentlich kommen.

Wer sind die Bayern eigentlich?

Eines der ersten schriftlichen Zeugnisse, das von den Bewohnern des späteren Freistaates Bayern weiß, stammt von dem griechischen Geschichtsschreiber Herodot. Der feiert dieser Tage seinen 2500. Geburtstag und berichtet von den Kelten, die „im Lande wohnen, wo die Donau entspringt". Sie sind Indogermanen, deren genaue Herkunft im Dunkeln liegt und die heute in Form von z.B. Iren, Walisern und Bretonen am Nordwestrand von Europa vorkommen. Die Kelten waren aber sicherlich nicht die ersten, die zwischen Donau und Allgäu siedelten. Davon zeugen zahlreiche Funde, die bis in die Stein- und Eiszeiten zurückgehen und von wilden Jägerhorden stammen, die uns außer teilweise kunstvollen Artefakten nichts (Schriftliches) hinterlassen haben.

Die Kelten nun waren sehr wanderfreudig und kamen über Italien und Griechenland bis weit nach Kleinasien hinein und so mit fremden Kulturen in Kontakt. Auch sie hinterließen so manche Spur, etwa Siedlungsreste, Ringwälle, Münzen, Figuren, Grabstätten und Ortsnamen (z.B. Glonn bei Dachau).

Berühmt ist der Ringwall von Manching, einer der schönsten seiner Art.

Leider durften die Kelten nicht in Frieden leben, sondern wurden von allen Seiten in die Zange genommen: vom hohen Norden kamen die Germanen, vom wilden Süden die Römer. Diese beiden kriegerischen Stämme spielen auf dem Weg zum Werden des „bayrischen Stammes" entscheidende Rollen. Um 50 v. Chr. etwa besiegte Julius Caesar die Kelten auf französischem Gebiet = die Gallier. (Naja, *fast*, wie wir alle wissen ...)

Zur gleichen Zeit zogen sich die Kelten auf deutschem Boden immer mehr vor den vorrückenden Germanen nach Süden zurück, wo sie kurz vor Christi Geburt von Kaiser Augustus „befriedet" wurden. Damit begann der römische Abschnitt auf den weißblauen Fluren, der etwa 400 Jahre dauern sollte und noch mehr als die Keltenzeit Spuren hinterließ. In der Sprache der ländlichen Bevölkerung haben sich aus dieser Zeit so manche Ausdrücke zu uns herübergerettet. Ganz zu schweigen von den Ortsnamen, die teilweise den alten keltischen Siedlungen übergestülpt wurden. So kannte man damals Kempten als **CAMBODVNVM**, wo man heute sehr sehenswerte römische Reste in einem archäologischen Park besichtigen kann. Oder Augsburg, das sich aus **AVGVSTA VINDELICORVM** entwickelte, oder Regensburg, das einst **CASTRA REGINA** hieß. Dies war ein wichtiger Grenzposten, denn nördlich der Donau rumorten nach wie vor die Germanen herum. Zwar gelang es Kaiser Vespasian noch einmal, die Grenzen des römischen Reiches ein gutes Stück über die Donau nach Norden auszudehnen, aber es blieb schwierig, sie zu verteidigen.

In die Zeit der Völkerwanderung fällt auch der Beginn christlicher Betätigung im bayrischen Raum mit den ersten Märtyrern, Klostergründungen, Kirchenbauten etc.

So baute man vom Rhein bis zur Donau einen hölzernen und steinernen Wall, den Limes, der die frechen Germanen in ihren Wäldern halten sollte. Diese beeindruckte das Gemäuer jedoch wenig. Ab etwa 200 n. Chr. überrannten die eifrigen Alemannen diese Mauer und gelangten bis nach Norditalien. Dies wurde zum Beginn einer Invasion von germanischen Einwanderern: während der nächsten 200 Jahre wurden die Römer Schritt für Schritt durch die große germanische Völkerwanderung aus der Gegend vertrieben.

Bis hierher war nun von den eigentlichen Bayern, oder Bajuwaren, noch gar nicht die Rede. Es ist aber festzuhalten, dass Kelten und vor allem Römer mit ihrer Sprache und Kultur einen nicht unwesentlichen Teil bayrischen Urerbes ausmachen. Wie und woher allerdings genau die germanischen Bayern ins Land kamen, darüber weiß man nichts Genaues. Manche Theorien halten sie für Abkömmlinge eines Germanenstammes namens

Markomannen, die vor den Alemannen schon mal südlich der Donau vorbeigeschaut hatten. Andere wiederum bringen die Bajuwaren mit dem Keltenstamm der Bojer aus dem böhmischen Bereich in Verbindung.

Wie dem auch sei, seit 551 n. Chr. sind die Bayern geschichtlich schriftlich verbürgt, und haben seither bis in die jüngste Zeit kräftig und unüberhörbar von sich reden gemacht. Dabei blieb der Kernbereich des Bayernlandes, nämlich zwischen Alpen, Lech, Donau und Böhmerwald etwa, im Laufe der deutschen Geschichte eine Konstante. Zuweilen gehörten noch angrenzende Gebiete dazu, fielen wieder weg und schließlich legte man die Grenzen des heutigen Freistaats Bayern fest.

Wo redet man Bairisch?

Politische und Sprachgrenzen fallen nicht zusammen: im Westen verläuft mitten durch bayrisches Staatsgebiet eine scharf definierte Grenze zwischen bayrischem und alemannischem Sprachgebiet, dem z.B. Schwaben und Allgäuer zugehören. Gleiches gilt für die Mundarten nördlich Nürnberg bis Würzburg: hier spricht man entlang des Mains ostfränkische Dialekte, westlich von Würzburg beginnt rheinfränkisches Sprachgebiet. Das eigentliche bairische Sprachgebiet beginnt also südlich von Nürnberg und östlich von Augsburg, und reicht über die Landesgrenzen

Bayern und das Bairische

hinweg nach Österreich und bis ins Tirolerische. Da verwundert es nicht weiter, dass schließlich jeder Landstrich, jedes Dorf, ja sogar manche Stadtgebiete z.B. in München seine eigenen, haarfeinen charakteristischen Merkmale des Bairischen aufweist, die durch die heutige Mobilität – **Zuagroasde** – freilich mehr und mehr verwischen. Von daher darf man nicht erwarten, in diesem Sprachführer für bairische Wörter jeweils die eine einzige, allgemeingültige Form zu finden. Vielmehr kommen überwiegend Wörter und Ausdrücke eines sich mehr und mehr herauskristallisierenden „Allgemeinbairisch" zur Geltung, ohne allzusehr auf ländliche, regionale oder veraltete Besonderheiten einzugehen.

Im eigentlichen bairischen Sprachgebiet findet man oberbairische, niederbairische und Oberpfälzer Dialekte, österreichische wie z.B. den Wienerischen, dem die Kauderwelschreihe ebenfalls ein eigenes Büchlein gewidmet hat, und schließlich die tirolerischen mit den charakteristischen Kehllauten.

Was ist Bairisch?

Der bairische Dialekt ist die südöstliche Ausprägung des Deutschen, das als germanische Sprache z.B. mit Englisch, Dänisch, Norwegisch oder Isländisch verwandt ist. So weit hergeholt ist der Gedanke nicht, Bairisch sei eine eigenständige Sprache (gewesen): Die deutschen Mundarten, aus der sich später z.B. durch die Luthersche Bibel eine gemeinsame Schriftsprache entwickelte, teilt man ein in niederdeutsche (z.B. Friesisch, Platt etc.) und oberdeutsche. Manche bezeichnen Oberdeutsch fälschlicherweise als Hochdeutsch im Gegensatz zum Niederdeutsch, daher der Titel dieses Buches. In Bayern wurde, früher zumindest, ausschließlich Oberdeutsch gesprochen, das sich durch Vokabular, Grammatik und bestimmte Lautverschiebungen ganz eindeutig vom Niederdeutschen unterscheidet. Man sehe sich nur heutiges Platt oder Friesisch an, wie weit dies vom „normalen" Deutsch entfernt ist.

Aus irgendwelchen Gründen, die teilweise in der ausgeprägteren Beredsamkeit der Niederdeutschen (vulgo **Breissn**) liegen mögen sowie der mindestens ebenso lebhaften Maulfaulheit der Oberdeutschen, hat nun einmal ersteres in der allgemeinen Umgangssprache haushoch gewonnen und gilt allgemein als „richtiges und gutes Deutsch". Sehr zum Verdruss des Altbayern, den es kaum trösten mag, dass Schwäbisch, Sächsisch und merkwürdigerweise Platt mindestens genauso die Lachmuskeln der „Gut-Deutsch-Sprecher“ reizen, wie sein harmloses **Ja vārregg, då legst di nieda!**...

Fremdsprachliche Einflüsse aufs Bairische

Ich möchte noch gerne ein paar Wörter anführen, die über die Jahrhunderte durch den Kontakt mit fremden Völkern in den bairischen Wortschatz aufgenommen wurden. So stammt etwa der „Karren“ über den lateinischen **CARRVS** von einem altkeltischen Wort ab (Gälisch càrn = Wagen). Mit **Hitzvākānz** haben wir in der Grundschule das „Hitzefrei“

bezeichnet, wobei die „Vakanz“, etwas Freies, Leeres, vom lateinischen vacare kommt. Einen Rettich kriegt kein Bayer hinunter, wohl aber einen **Rādi**, der direkt auf lateinisch radix = Wurzel zurückgeht. Ebenso haben lateinische Wurzeln die **Gred** (lateinisch gradus = Stufe), die den Vorplatz vor dem Wohnhaus des Bauernhofes bezeichnet, oder die **Gaudi**, gaudium, der **Laddiāl**, latinulus, was ein schmächtiges Bürscherl ist und **ās Gspusi**, sponsa, das wohl jeder kennt.

Das Eckstück vom Brot heißt bairisch **ā Scherzl**, und ist dem Italienischen scarso entlehnt. Gleichermaßen die **Bāmbsn**, wenig schmeichelhaft für Kinder, oder italienisch bambini.

Die meisten romanischen Ausdrücke aber stammen aus dem Französischen. Da finden wir unter anderem den **Dischkurs**, le discours, das **Bodschāmbbāl**, pot à chambre, den **Blāfon**, le plafond. Wir geben etwas **reddur**, retour, wobei wir es mit **sä**, c'est, reichen und **measse**, merci, hören wir wohnen **wisāwi**, vis-à-vis, gehen ohne mit der Wimper zu zucken übers **Droddoār**, le trottoir, und sind **trāwe**, beschäftigt.

pot à chambre = *Nachttopf*

trāwe *kommt von* travailler

Nicht zu vergessen der bedeutende Einfluss des Jiddischen, das Ausdrücke wie **Māssel** (Glück) und **Boazn** (Kneipe, von beith = Haus) beigesteuert hat. So ab und an findet sich dann noch Slawisches und neuerdings eben auch eine Unmenge Angloamerikanisches im bairischen Wortschatz, das bislang nur zu geringem Teil verdaut und assimiliert wurde.

Tja und zu guter Letzt noch ein paar Kostproben für die internationale Einsetzbarkeit des Bairischen. Man wird sehen: in Nord und Süd, in Ost und West, überall wird Bairisch verstanden...

China: **I han no sei Ding lieng seng.**
Finnland: **Olle samman Sää umme.**
Hawaii: **Soi ea ia aa oa Ua neidoa?**
Großbritannien: **Hey need an foam do one!**
Russland: **Da Kufan isdaja zschwaar.**
Georgien: **Muasd freile no gschwind dsun Dsanadsd roasn...**

Für die, die ihre Grundschulkenntnisse in diesen Sprachen schon wieder vergessen haben, die Übersetzungen:

Ich habe noch sein Ding liegen sehen.
Alle sind wir den See hinüber(gefahren).
Soll er ihr auch noch eine Uhr hineintun?
He, nicht den Bierschaum daran (schmieren)!
Der Koffer ist dir ja zu schwer!
Du musst freilich noch schnell zum Zahnarzt rennen...

Aussprache & Betonung

Die vielen Vokale in ihrem Farbenreichtum und all ihren möglichen und unmöglichen Kombinationen sind das A und O im Bairischen. Sie sind nämlich neben der Weichheit der Konsonanten „schuld“ daran, dass sich das Bairische so anhört, wie sich's anhört.

Fangen wir deshalb gleich mit einer der schwierigeren, dafür aber um so charakteristischeren Hürden an: die drei verschiedenen „a“-Laute, die das Bairische aufweist.

ā Māssl - ā Maß - ā Måß - ā Moos

Das helle **ā** ist für Nichtbayern seltsamerweise kaum richtig herauszubringen, weil sie sich nicht trauen, die **Goschen** breit genug zu machen. Aber nur keine Hemmungen, da reißt schon nichts ein! Das **ā** kann gar nicht hell und breit genug sein. Daran soll der Strich überm **ā** erinnern. Es klingt etwa wie in den englischen Wörtern but, hut, bus:

ā	ein, eine
Rādl/Rāāl	Fahrrad
stāād	still
Wādschn	Ohrfeige
Māssl	Glück

Dieses helle **ā** steht oft anstelle eines schriftdeutschen ä:

dāād	**wāār**	**Bfāndl**
täte	wäre	Pfännchen

Im Gegensatz dazu das dunkle a, das wie das englische „father" oder „car" klingt:

Wand	**Schmarrn** (Mehlspeise, Unsinn)
Pfand	**glangt** (reicht)
war	

Ein ganz wichtiges Wörtl mit a: **ā Maß**. Mit kurzem, klarem, dunklem „a" und – gleichsam schon wie eine Vorfreude auf den kommenden Genuss – ein bisserl langgezogenem, ausklingendem „s": **ā Maß Biā**.

Regional verschieden kann das „a" der Maß bisserl zum „o" hinrutschen – aber nur ganz wenig. Erwischt man nämlich ein Mittelding zwischen „a" und „o", also ein **å**, und verlangt **ā Måß**, so wird man von der kopfschüttelnden Kellnerin **ā Måßbānddl** (ein Maßband) hingelegt bekommen. Dieses sehr offene **å** kommt sonst ziemlich häufig vor, es klingt wie in „dort, Bord, Gold":

då	hier/da	**Nådl/Nåål**	Nadel
Låån	Laden	**Åäsch**	Sitzfleisch

Nichtbayern schießen aber gern übers Ziel hinaus und produzieren das reine, geschlossene „o" wie in **Moos**, **Ofā** (Ofen), **Bodn** oder **Boon** (Fußboden), wenn sie ein besonders bairisch klingendes „a" oder **å** hinkriegen wollen. Also:

nicht: **a Mooßl**	sondern: **ā Maß**
nicht: **jo mei**	sondern: **ja mei** oder höchstens **jå mei**
nicht: **a Wootschen**	sondern: **ā Wādschn**
nicht: **a Bootzi**,	sondern (wenns schon sein muss): **ā Bāzi**

Vui zfui Gfui – Des Bayern Liebe zum Diphthong

Diphthonge sind Vokal-Zwiefache. Das Schriftdeutsche begnügt sich mit drei davon, nämlich au, ei (ai) und eu (äu). Da wollen wir es im Bairischen viel farbiger, da gibt es nämlich **Stuggārā zehne oder äife**, zehn oder elf Stück:

ea, ia, oa, ua, åi, ei (ai), äi, oi, ui, au und z.B. in der Oberpfalz **ou**.

I woaß ned, is des woaß odā weiß?

Wer's genauer wissen möchte mit dem „ei“ und dem oa, *der frage den nächstbesten Germanisten.*

Das berühmte **oa**! Daran scheiden sie sich, die Bajuwaren und die anderen. Warum? Woran liegt's? Heimtückischerweise wird nämlich nicht jedes „ei“ des Schriftdeutschen im Bairischen zum **oa**. Wer einen **Schwoansbraten** bestellt, ist schon als Südschwed' geoutet! Vielmehr stecken da uralte Lautverschiebungen dahinter.

Wo man im Schriftdeutschen „ai“ schreibt, wird im Bairischen zumeist **oa** gesprochen:

Vergeiche dazu aber „Leib, Leiche, Weise“, wo auch im Bairischen das „ei“ ein „ei“ bleibt. Übrigens, auch beim Edelweiß, gell!

boarisch	bairisch
Loawe	Laib (Laibchen/„Laiberl“)
Froschloach	Froschlaich
Arms Woasāl, du!	Du armes Waisenkind!

Wie produziert man das **oa**? Man fängt mit einem langen o wie schriftdeutsch „los“, „Boot“ an und lässt es weich ausklingen in einem nahtlos angehängten kurzen **ā**:

Stoa, **Boa**, **Goaß**, **woaß** (von wissen), **oans**, **zwoa** – aber: **drei**, **weiß** (Farbe!), **reiddn**.

Übrigens sind wir Bayern da in guter Nachbarschaft mit unserem **oa**: Auch die Engländer sagen „one“ (**oan**) für **oans**, schreiben „soap“ für unsere **Soafā** und „oak“ für die **Oachā**, oder gar „foam“ zu unserem **Foam**.

Nie gehört? Das ist der Schaum auf dem Bier.

Ein **oa** kriegen wir aber nicht nur aus dem „ei“, sondern auch aus dem Ohr! Das „r“ wird nämlich, wenns nicht gerade am Silbenanfang steht, immer ziemlich schlecht behandelt und zu einem „a“ degradiert:

voa	**Toa**	**Moddo̲a** (nicht **Mo̲ddoa**)
vor	Tor	Motor

Düa	**ea**	**Jåå/Jåhr**
Tür	er	Jahr

Das **ea** ist mit dem **oa** verwandt, es ist nämlich sozusagen der Umlaut vom **oa**:

Also: bei der Steigerung (klein/kleiner) und bei der Mehrzahlbildung kann ein oa *zum* ea *werden. Zugegeben, außer* gloa/gleanā *und* broad/breadā *hört man besonders im Städterbairisch diesen* ea-*Umlaut zunehmend weniger.*

Wås gloans wead durch Verkleinerung no gleanā, wås broads wead no breadā, ā hoaßā wead *heaßā.

Aber wir haben noch eine Möglichkeit, ein **ea** zu kriegen! Irgendwie sind den Bajuwarenlippen die Tüpferllaute „ö“ und „ü“ **zwida** (zuwider), einfach zu spitz. Drum wird alles mögliche draus, unter anderem eben auch **ea** oder **ia**:

Brö...	**Semme**	Schlüssel	**Schlissl**
möglich	**megle**	hüpfen	**hubbfā**
immer öfter	**åiwei eftā**	bücken	**buggā**
blöd	**bläd**	Tür	**Dia**
böse	**bäs**	müde	**miad**
Körnchen	**Keandl**	grün	**grea**
stören	**stean**	dürfen	**deaffā**
plötzlich	**auf oamåi**	Blümchen	**Bleame**

Tüpferl = Dibbfāl

Auch das „äu“, **eu**, weitet sich im Bayernland meist zu einem **ei**:

De neiā (*neichn) Heisā in dā Neireiddā Straß sān deiā.
Die neuen Häuser in der Neureuter Straße sind teuer.

Das au wird oft, aber nicht immer, zu einem **ā** glattgebügelt:

Wennsd wås wuisd, na muaßdās kāffā, nimmsdās einfach, na muaßd rāffā!
Konstantin Wecker, „Revoluzzer“

Na wui woi dwei im Wåid rumwian

Nicht nur das arme „r“ wird im Bairischen so stiefmütterlich behandelt. Dafür sprechen wirs aber wenn überhaupt, dann richtig aus, nämlich mit der Zungenspitze. So wie z.B. in Hamburg auch! Auch das „l“ kommt nicht viel besser weg. Am Silbenende macht es der bayrischen Zunge einfach viel zu viel Mühe und Aufwand, sich zu einem „l“ zu heben. Sie bleibt halt auf halbem Weg stehen, und aus dem „l“ wird eine Art „j“. So heißt es bei uns:

Åiso oa Håiwe is mā liawā-r åis wia koa Håiwe.
Also eine Halbe Bier ist mir lieber als keine Halbe Bier.

Hoi āmåi de voie Roin.
Hole doch einmal die volle Rolle.

Meine Fuizā sān unddām Buidd in dā Schui.
Meine Filzstifte sind unter dem Pult in der Schule.

Der Bayer hat zwar mit manchem Hamburger das rollende **r** (wie in **Karrrolin** oder **rrreiben**) gemeinsam, aber schon ein Häuserl weiter im Alphabet ist's Schluss mit lustig. Das **s** ist nämlich im Bajuwarischen immer und grundsätzlich stimmlos. Hier wird also nicht „gesummt". Überspitzt ausgedrückt:

Bei unß dāhoam ßummā bloß bBienā in de Roßn, awā ßunßt nix. Håßt me?
Bei uns daheim summen bloß die Bienen in den Rosen, aber sonst nichts. Hast Du mich (verstanden)?

„St" und „sp", manchmal das „sk", werden **schd** und **schb** und **schk** gesprochen. Nicht nur am Wortanfang, sondern oft auch im Wort, im Grenzbereich zu den Schwaben auch am Wortende:

Brauchst no ān Schdui und ān Kastn füas Inschdidud? oder
***Braugschd no ān Schdui und ān Kaschdn füas Inschdidud?**
Brauchst Du noch einen Stuhl und einen Kasten fürs Institut?

Hinweis (aber nur für Hamburger): Ich schreibe im Folgenden statt schd, schb *und* schk *am Wortanfang „st, sp“ und „sk“; es wird aber weiter so gesprochen, wie hier erläutert.*

Håsd fesd zuagschbead? oder
***Håschd feschd zuagschbead?**
Hast du ganz gewissenhaft abgesperrt?

Åiso bagg mās, bagg mās!

Auch wenns nicht so aussieht: die beiden **bagg** sind zwei verschiedene Wörter, nämlich „packen“ und „backen“. „Packen wir es“ klingt haargenau wie die Aufforderung „backen wir sie“, z.B. die Semmeln. Die sprichwörtliche bairische **Gmiatlichkeit** (Ge-müt-lich-keit, hmtata) bewahrt uns nämlich vor dem Kraftaufwand, „p“ und „t“ zu hart zu machen:

p:			
Bosd	Post	**däbbād**	täppisch
Babbiā	Papier	**dobbed**	doppelt

t:	
Daumā	Tauben (oder: Daumen)
Dinddn	Tinte
Auddo	Auto

Das „k“ lassen wir am Wortanfang vor Selbstlauten unangetastet:

Karddn	Karte
Kobf	Kopf
Kaffää	Kaffee

Sonst wird es auch weichgemacht:

Gleidl	Kleid	**Hägglstäggā**	Gehstock
globbfā	klopfen	**Eggn**	Ecke

Eggn *heißt auch „Egge"*

Die bayrische Maulfaulheit zeigt sich auch darin, dass man besonders bei kurzen Wörtern den Schluss weglässt, wenn man den Rest eh schon erraten kann. Besonders das „ch":

Du i fotz di ā so hea!
I di ā glei!
Du mi? Då muaße ja glei lahā!
Ja lachdā nua-r-ā Loh in Bauh!

Pass auf, ich werde dich gleich ganz schrecklich verprügeln!
I(ch) di(ch) a(uch) glei(ch)!
Du mich? Dass ich nicht lache!
Ja, lach dir nur ein Loch in den Bauch.

Lahā, **Loh** und **Bauh** klingen aber, je nach Sprecher und sonstigen Umständen, auch normal wie **lachā**, **Loch** **Bauch**. Die eingesparten „chs" verteilen wir im Bairischen auf andere Wörter, wo sie nach unserem Sprachgefühl besser hinpassen. Man ahnt es schon: Es sind Wörter, die früher einmal eins hatten, heute in der Schriftsprache dagegen höchstens noch die Hälfte eines „ch" bewahrt haben:

Sichsd den då? Des is aā ganz ā hochs Viech.
Siehst du den da? Das ist ein ganz hohes Vieh.

Den Wechsel „ch“ – „h“ macht das Schriftdeutsche ja in den Formen des Wortes „hoch – höher“ auch noch. Und das bajuwarische „Viech“ ist sogar in Breißistan schon gebräuchlich.

Das n verschwindet ebenfalls gern, hinterlässt aber wenigstens eine mehr oder weniger starke Nasalierung:

Die Zustimmung „Das meine ich schon auch.“ kann auch etwa klingen wie: I moin choin. *(für Nichtfranzosen:* I mõa schõaa.*)*

schõ	schon
i mõa	ich meine
sẽi	sein
nẽi	hinein
i bĩ	ich bin

Schaungmā-r-āmaåi, na warddmā-r-āweng, na sängmās scho!

Wenn zwei Vokale zusammenstoßen, klingt das für bairische Ohren oft recht abrupt und abgehackt. Übrigens nicht nur für die, auch den Franzosen beispielsweise scheint das unangenehm zu sein. Man schiebt dann einfach noch einen Konsonanten dazwischen, Französisch: „Quand se lève-t-il?“. Für diesen Weg hat sich das Bairische auch entschieden. In der Regel nimmt man dazu ein „r“:

Wiā i gestān hoamgangā bin ...
⇨ **Wia-r-i gestān hoamgangā bin ...**
Wie ich gestern heimgegangen bin ...

Des dua i dā awā gean.
⇨ **Des dua-r-edā-r-awā gean.**
Das tu ich dir aber gerne.

Bal ea amåi gangā is ...
⇨ **Balā-r-āmåi gangā-r-is ...**
Wenn er einmal gegangen sein wird ...

Då wead mā eam häiffā miaßn.
⇨ **Då weadmā-r-eam häiffā miaßn.**
Da wird man ihm helfen müssen.

I mächd āā ā Oar.
⇨ **I mächd āā-r-ā Oar.**
Ich möchte auch ein Ei.

Im letzten Beispiel fehlt kein zweites „r“ (**āā-r-ā-r-Oar**). Vielmehr zeigt sichs da, dass es durchaus viele Fälle gibt, wo zwei Vokale aufeinanderstoßen, ohne dass es **wen scheniad**, wen stört. **Āā** (auch) hat das Binde-„r“ auch, aber nur vor einem weiteren **ā**, sonst nicht. So hieße der letzte Beispielsatz ohne **ā**:

Das Binde-„r“ findet man hauptsächlich nach **wiā**, *wie,* **mā**, *mir/wir/man,* **dā**, *dir,* **ā**, *er, und Zeitwortformen auf* **-ā**.

I mächd āā Oar.
Ich möchte auch Eier.

Ja und am droubān dains roudān,
liecht dā Voudān auf dā Moudān,
laßs' roudān, laßs' roudān,
gräing mā wiedā-r-ān kloin Broudān!
Biermöslblosn „Schnådahüpfl“

Leg den Schogglādd auf des Dällā!

Vom bairischen Hauptwort

So **schee** langsam haben wir uns jetzt von den Aussprache-**Schmānkerln** des Bairischen zu seinen grammatikalischen Besonderheiten hinbewegt. Schauen wir uns doch z.B. mal das Hauptwort ein wenig näher an. Den männlichen (m) und weiblichen (w) Artikel kennen wir bereits ein bisschen, fehlt noch der sächliche (s):

dā Stoa (m) **d Stiang** (w) **ās Buach** (s)

In der Mehrzahl heißt der Artikel immer **d** (bzw. **b** oder **k**):

d Stoanā **d Stiang** **b Biachā**

Der unbestimmte Artikel heißt wie im Englischen immer **ā**:

ā Stoa **ā Stiang** **ā Buach**

Wenn man jetzt das ganze in den Wemfall und Wenfall setzt, kann man witzigerweise zwischen unbestimmtem und bestimmtem Artikel bei männlichen Wörtern nicht mehr unterscheiden:

I håb ān Stoa gsäng und håbm ām Mo gem.

... kann heißen:

Ich habe einen Stein gesehen und habe ihn einem Mann gegeben.

Ich habe einen Stein gesehen und habe ihn dem Mann gegeben.

Ich habe den Stein gesehen und habe ihn einem Mann gegeben.

Ich habe den Stein gesehen und habe ihn dem Mann gegeben.

Und ich schwör's: mir ist es die letzten 27 Jahre nicht ein einziges Mal passiert, dass ich nicht gewusst hätte, ist das jetzt der bestimmte oder der unbestimmte Artikel. **Iagendwia gneißd mā des scho.** – Irgendwie merkt man das schon.

Außerdem halten wir in unserem Artikel-Repertoire noch einen weiteren kompletten Satz bestimmter Artikel bereit. Die kommen zum Einsatz, wenn etwas – und sei's nur eine Nuance mehr – betont werden soll oder irgendwie näher erläutert:

Des is dea Mo.
Das ist der (bewusste) Mann(, der jeden Tag um zehne ...).

Nicht betont wäre: **Des is dā Mo**.

Då kimmd des Hundsviech, des wo mi bissn håd neile.
Da kommt der Hund, der mich neulich gebissen hat.

Auch mit der Mehrzahlbildung nimmt es der Bayer nicht immer so furchtbar genau. Man weiß es halt vom Gespür her oft, ob von einem Ding oder mehreren die Rede ist. Vielen Wörtern sieht bzw. hört man die Mehrzahlform nämlich nur mit Mühe oder gar nicht an:

Auto:	1 **Auddo**	2 **Auddo**
Baum:	1 **Bāām**	2 **Bamm**
Stunde:	1 **Stund**	2 **Stund**
Maulschelle:	1 **Schäin**	2 **Schäin**
Schiff:	1 **Schief**	2 **Schiff**
Schraube:	1 **Schraum**	2 **Schraum**
Socke:	1 **Soggā**	2 **Soggā**
Tisch:	1 **Diisch**	2 **Dischsch**

Soweit sind wir in der Bairologie nun schon fortgeschritten, dass wir erkennen: in **Schraum** kommt das **-m** aus einem zusammengezogenen „-ben". Aber wieso „1 Schrauben"???

Hier lässt wieder das Mittelhochdeutsche grüßen. Viele weibliche Wörter hatten da nämlich auch in der Einzahl ein **-n** mehr dran als heute in der Schriftsprache. Diesem **-n** haben wir im Bairischen oft noch Asyl gewährt, wie in den folgenden Beispielen:

ā Ameisn	eine Ameise
ā Woiggn	eine Wolke
ā Lambbm	eine Lampe
ā Stiang *(Stiegen)*	eine Treppe
ā Stum *(Stuben)*	ein (Wohn-)Zimmer
ā Reim *(Reiben)*	eine Kurve

In dearā gāchn Reim hådsn nahā aussedrahd.
In dieser scharfen Kurve flog er dann hinaus.

Ähnliches machen wir auch mit vielen sächlichen Wörtern. Die kriegen ein **-l** verpasst, das wohl von der Verkleinerungsform **-erl** oder „-lein“ stammt und meist zu einem festen Bestandteil geworden ist:

Blāddl	Blatt	**Bräsāl**	Krümel
Buidl	Bild	**Keandl**	Korn
Māāl	Mädchen	**Māgl**	D-Mark
Rāāl	Rad, Fahrrad		

Der Euro fügt sich eigentlich überhaupt nicht in das Bairische ein, da ein hochsprachliches **eu** *meist zu* **ei** *wird, z.B. eure = eire. .Und gar zu einer Verniedlichungsform wie das* **Māgl** *hat's der „Eiro“ bei uns noch nicht gebracht ...*

Das heißt aber noch lang nicht, dass die entsprechende Sache dann auch klein sein muss:

Dea håd ā Mordsdrumm Buidl iwām Kanabää hengā.
Bei ihm hängt ein riesengroßes Bild über dem Sofa.

Des håd zwoahundāddausnd Eiro kost.
Es hat 200.000 Euro gekostet.

Då muaß i mid eam āmåi ā Weaddl reen.
Da muss ich mit ihm mal ein Wörtchen reden.

Dem seine is āā-r-ā so ā Keandlgfuadāde.
dem seine ist auch eine so eine Körnergefütterte
Seine Frau ist eine fanatische Vegetarierin.

Bis hierher sind Sie, liebe Leserin und lieber Leser, ganz ohne Hausaufgaben ausgekommen. Da wirds Zeit für die erste Übung:

Nehmen Sie bitte die etwas weiter obenstehende Wortliste, die mit **Auddo** anfängt, und verpassen Sie jedem Bairischen Wort den bestimmten Artikel (**dā, d, ās**). Dann vergleichen Sie Ihr Werk mit der Lösung.

ās Auddo	**dā Bām**	**dā Diisch**	**d Schäin**
ās Schief	**d Schraum**	**dā Soggā**	**d Stund**

Falls Sie oder Ihre Eltern von nördlich des Mains stammen und Sie trotzdem alles richtig haben: Gratulation, Sie haben Sprachgefühl! Im anderen Falle werden Sie sich wahrscheinlich wundern über „den Socken". Das Bairische hat nämlich bei einigen Wörtern so seine eigene Auffassung von deren Geschlecht:

Des Monād is ā rächd hoaßs, dā Thermomädda zoagt fast viazg Gråd oo. Då muaßd schaung, dass dā dā Buddā und dā Schogglādd im Kuischrank ned dālāffd. Voring is mā-r-ā Wäbbs im Wuaschdsålåd am Dällā dāsuffā. Dā Rādio sågd gråd, daßs noo heaßāwean soi! Des is koa Gaude mea. Då is des oanzig

wåhre, mā gähd ān Biagarddn und dringd ā Mass, ā schee ā kåide. Im Garddn hindd im Egg is dāā Bädāsui scho ganz gåib, weis ā so drugge is, und hengd ā deadā Schnägg dro. Awā-r-ās Droad stähd wia-r-ā Oansā heiā. Im Källā håwe ān Raddz, glāwe. Ān Kadoffe und ān Zwiefe hådāmā zammāgfressn, hint im Egg. Ā so ā Viech balsd fangā wuisd, nā brauchsd ā Schneid.

Das Monat ist ein recht heißes, der Thermometer zeigt fast 40 Grad an. Da musst du schauen, dass dir der Butter und der Schokolad' im Kühlschrank nicht zerläuft. Vorhin ist mir ein Weps' im Wurstsalat auf dem Teller ertrunken. Der Radio sagt gerade, dass es noch heißer werden solle. Das ist keine Gaudi mehr. Da ist es das einzig Wahre, man geht in den Biergarten und trinkt eine schöne kalte Maß. Im Garten ist hinten im Eck der Petersil' schon ganz gelb, und es hängt ein verdorrter Schneck' daran. Aber das Getreide steht wie ein Einser dieses Jahr. Im Keller habe ich einen Ratz (eine Ratte), glaube ich. Er hat mit einen Kartoffel und einen Zwiebel gefressen, hinten in dem Eck. Wenn man so ein Vieh fangen will, braucht man (eine) Schneid.

Wie man sieht, baut der **Boar** (Bayer) wir bei manchen Wörtern nicht nur das Geschlecht, sondern gleich das ganze Wort mit um. Die „Ratte“ gibts gar nicht, sie heißt immer nur **dā Raddz**, auch wenn es eine „Rätzin“ sein sollte.

Von der Vergangenheitsbildung

Sparsamkeit ist das oberste Ziel in der Bairischen Grammatik, auch wenn man dadurch ein paar Umwege machen muss. So haben wir uns weitgehend des Wesfalls und der 1. Vergangenheit entledigt. Warum auch nicht? Es geht anders ja auch. Was schriftsprachlich unmöglich klingt – dem bairischen Ohr bereitet's Genuss:

ãm Vaddãn sei Auddo Vaters Auto
im Nachban seinã Gãrãschn in Nachbars Garage
dã Hãx vom Stui is hi das Bein des Stuhls ist hin(-über)
dã Schwoaf vo dã Sau der Schwanz der Sau
dã Mãre ia Daschn Mares Tasche
dearã Goaß ia Gschroa das Geschrei dieser Geiß

***Heid vãsauffmã unsrã Omã sei kloas Heisl.**
Heute versaufen wir unserer Oma ihr klein' Häuschen.

***Dã Zenz sei Freind is mid ãrã andãn dãvo.**
Zenzens (=Kreszenz) Freund ist mit einer anderen davon.

Die letzten beiden Beispiele zeigen: in der ländlichen Sprache spart man sich sogar das **ia** (ihr, ihre) und nimmt das an sich männliche sei(-n) auch bei weiblichen Wörtern. Angeblich soll das bis auf die Zeiten zurückgehen, als in Bavaria noch die Römer mit ihrem **suus, sua, suum** (sein/ihr) herumliefen.
Beim Zeitwort hat der Bajuware ebenfalls manche Vereinfachung ersonnen. Nahezu jedes kann nämlich mit dem Universalwort **doa** (tun) verbunden werden:

Wås deaddsn ia?
Mia dean lesn, leanā, spuin, essn, schlaffā...

Was tut ihr denn?
Wir tun lesen, lernen, spielen, essen, schlafen ...

Sogar das Nichttätigsein schlechthin, das Schlafen, kann in Bayern „getan" werden!

Leg den Schoggl̄ādd auf des Dällā!

Bevor sich der bayrische Mensch allerhand Unregelmäßigkeiten bei der Bildung der verschiedenen Vergangenheitsformen merken müsste, schmeißt er lieber alles in die **Odlgruam** (Jauchegrube) und beschränkt sich auf die zweite – das ist die mit „bin" und „habe".

Bin i neile ins Wiaddshaus gangā, håb me higsetzt und is ā scho glei kKäinārin kemā und hådmā-r-ā Håibe higstäid. I håb gråd ogfangā zun Dringga, då is dDia aufgangā und ā meinigā Späze is reikemā. Wia-r-ā me gsäng håd, isā fredi auf mi zuagangā und håd se zuawāghoggd.

Bin ich neulich ins Wirtshaus gegangen, hab mich hingesetzt und ist auch schon die Kellnerin gekommen und hat mir eine Halbe hingestellt. Ich hab gerade zu Trinken angefangen, da ist die Tür aufgegangen und ein Bekannter von mir ist hereingekommen. Als er mich gesehen hat, ist er direkt auf mich zugekommen und hat sich zu mir dazugesetzt.

Wir gebrauchen also nur die „hat“- und „ist“-Vergangenheitsformen, wobei auch da sich der Gebrauch vom Schrift- und Norddeutschen manchmal unterscheidet:

i bin	ich bin
... **gstandn**	... gestanden
... **ganga**	... gegangen
... **kema**	... gekommen
... **gschwummā**	... geschwommen
... **ghubbfd**	... gehupft
... **gflong**	... geflogen
... **gleng**	... gelegen
... **dredn**	... getreten
... **aufbliad**	... aufgeblüht
... **gsessn**	... gesessen

i håb	ich habe
... **ogfangā**	... angefangen
... **gsågd**	... gesagt
... **gseng**	... gesehen
... **zåid**	... gezahlt
.. **bunddn**	... gebunden
... **gfroan**	... gefroren
... **ghoiffa**	... geholfen
... **kāffd**	... gekauft
... **zong**	... gezogen
... **mi higsedzd**	... mich hingesetzt

Die zur Vergangenheitsbildung eigentlich notwendige Vorsilbe „ge-“ wird nur dann am Wort belassen, wenn sie sich geschmeidig – vom bairischen Standpunkt des Sprechens allerdings! – an das Wort fügt. gschw, gh, gst – *das klingt doch geschmeidig, oder? Wohingegen* gz, gb *oder* gd – ... nāā, soichene Grāmpff laßmā bleim *... solchene Krämpfe, solch einen Unsinn, lassen wir bleiben!.*

War und **woidd** (wollte) sind Formen der ersten Vergangenheit und als Ausnahmen durchaus noch im Gebrauch:

Wo warsdn wiedā de ganze Nåchd?
Wo warst Du wieder die ganze Nacht?

Mei, I woidd ja hoamgeh, awā de andān håmme ja ned lassn!
Ach weißt du, ich wollte ja heimgehen, aber die anderen haben mich nicht lassen.

Wie hätte der Bedauernswerte das wohl formuliert, wenn mitten im schönsten Schafkopfen, grad neben einer frischen Halben **sei Weiwāl mim Nudlwåiglā** im Wirtshaus aufgetaucht wäre, und ihn gefragt hätte:

sei Weiwāl mim Nudlwåiglā = *seine Angetraute mit dem Nudelholz*

Mågsd ned āmåi hoamkemmā, bsuffās Wågscheidl, elendigs?
Magst du nicht heimkommen, oller Suffkopp?

Er hätte gesagt:

Mei, i gāng ja mid, wenne me nua drauād.

oder: **Mei, i gähād ja mid.**
oder: **Mei, i gāngād ja mid.**
oder: **Mei, i dāād ja midgeh, wenne me nua gråd draun dāād.**

Solche Möglichkeitsformen (Konjunktiv Imperfekt) werden im Bairischen sehr oft verwendet.

Alle vier Sätze bedeuten dasselbe: ich ginge ja mit, wenn ich mich nur traute. Es ist die bayrische Form der höflichen Rede, des Pläneschmiedens und der Entschlussfreudigkeit:

I kāndd, wenne dāād, wiā-r-e meng deaffād...

Ein paar Wörter haben noch ihre eigenen Konjunktivformen, meist aber hängt man einfach nur **-ād** an. Oder man umschreibts mit **i dāād, du dāādsd**:

ich könnte:	ich fände, würde finden, finderte
i kāndd **i kundd** **i kānnddād** **i kunddād** **i dāād kenā**	**i fānd** **i fāndād** **i findād** **i dāād finddn**

ich gäbe...	ich dürfte, würde dürfen, täte dü...
i gāb **i gāwād** **i gewād** **i dāād gem**	**i deaffād** **i dāād deaffā**

ich ginge, würde gehen usw...	ich täte, würde tun, täte tun... (gulp!)
i gāng/gāngād **i gehād** **i dāād geh**	**i dāād** **i dāād doa**

Andere oft gebrauchte Formen, bestens zum Deutschlehrer-Schocken geeignet:

kommen:	wissen:
i kāām/kāmād **i kemād** **i dāād kemma**	**i wißd** **i wissād** **i dāād wissn**

springen:	machen:
i sprāng/springād	**i machād**
i dāād springā	**i dāād macha**

blühen:	schreiben:
bliarād	**i schreiwād**
dāād bliān	**i dāād schreim**

zeigen:	arbeiten:
i zoagād/dāād zoang	**i dāād arwān**

Gerade um Fragen, Forderungen, Ankündigungen oder dergleichen höflicher zu machen, gebrauchen wir oft diese Formen mit **-ād-** oder **dāād**. Z.B. beim Zahnarzt:

I brauchād meine Zehn āmåi wiedā nåchschaung.

Wann dāānSn då kemma woin? Gāngs am näxdn Donāschdåg?

Ja, des gähd.

Dāān Sie Eahna Vāsichārungskarddn bittsche midnemmā.

Guad, mache. Dāān Sie mia den Termin bittsche aufschreim?

Ās Taxi wāār då füa-r-ā Frau Gleißnā.

Ja, des wāār i!

Noch zwei kleine Absonderlichkeiten zum bairischen Zeitwort. Während man im Schriftdeutschen sagt: ich gebe, du gibst, er gibt ... , also das „e“ in der 2. und 3 Person Einzahl zum „i“ macht, haben wirs im Bairischen viel leichter. Da bleibt das **i** in der ganzen Einzahl:

geben:	**kommen:**	**lesen:**
i gib	**i kim**	**i lies**
du gibsd	**du kimmsd**	**du liesd**
ea gibd	**ea kimmd**	**ea liesd**

Die Mehrzahl verändert den Vokal nicht, aber dafür gibt's in der 2. Person statt dem schriftdeutschen „-t“ am Schluss immer ein **-ds**:

geben:	**kommen:**	**lesen:**
mia gem	**mia kemmān**	**mia lesn**
ia *(*es)* **gebds**	**ia** *(*es)* **kemmds**	**ia** *(*es)* **lesds**
de gem	**de kemmān** (* **kemmānd**)	**de lesn** (***lesnd**)

Dieses **-ds** stammt von der ländlichen uralten Zweizahlform **es** (= ihr zwei), die noch häufig zu hören ist, ohne dabei nur an zwei zu denken. Das **-ds** ist, wie der Artikel bei den Namen, aus der Sprache eines Bayern **ums Väreggā ned** (nicht um alles in der Welt) herauszubringen, so fest ist er damit verbunden.

Bei Zeitwörtern wie **lächln, wedln, någln, hammān, sammen, zeichnen, rechnen**, also auf „-eln“, „-ern“, „-(ch)nen“ sagt man:

Leg den Schogglādd auf des Dällā!

Da taucht plötzlich also ein -d *als Endung auf. Warum? Ist doch logisch:* i lächl, hammā, zeichne *usw. klingt irgendwie unfertig, abgehackt, nicht wahr.* Lächld, hammād, zeichned *dagegen ist schön harmonisch abgerundet. Fürs bayrische Ohr natürlich.*

i lächld	**du lächldsd**
i sammed	**du sammedsd**
i wedld	**du wedldsd**
i zeichned	**du zeichnedsd**
i någld	**du någldsd**
i rechned	**du rechnedsd**
i hammād	**du hammādsd**

Mei, du zeichnedsd awā schee!
I sammed fei soichāne Buidl!
Oh, du zeichnest aber schön!
Ich sammele solche Bilder!

Rechned håid āmåi ā bissl schnellā
und wedld ned āsovui rum mid deine Fiaß!
Rechne doch mal ein wenig schneller und wedle nicht ständig mit deinem Beinen herum!

Sprechen Sie so schnell, so laut und so oft Sie können:

chldsdnbvr.

Zum Entknoten der Zunge jodeln Sie drei Mal ganz langsam und melodiös: Hollārādiriaddei hollārādioo!

Zur besseren Verständlichkeit: Dies entstammt dem Satz:

Warum lächldsdn bVroni ned o?

gldsdzgschl.
Du någldsd zgschlambbād.

I håb zu meim Speck sBsteck zspät bstäid.

Blaugraud bleibd Blaugraud und Braudgleid bleibd Braudgleid.

Noch ein paar eigenwillige Endungen:

Obsd hoamgehsd, bsuffās Wågscheiddl?

Oha, der sitzt ja immer noch im Wirtshaus, und seine bessere Hälfte wird allmählich ungemütlich. So **benzt** sie ihn, fragt sie ihn unangenehm drängend:

Obsd jätz båid āmåi midgehsd?
Ob du jetzt bald einmal mitgehst?

Wart nua, wennsd dāhoam bisd, na konnsd wås dāleem!
Warte nur, wenn du daheim bist, dann kannst du was erleben.

Mit Obst hat das nichts zu tun (eher schon mit einem oder zwei **Obstler** seinerseits). Wir lernen hier: in der 2. Person kriegen ob, wann, was, wen, warum etc. auch das **-sd** bzw. **-ds** des Zeitwortes angehängt:

Sågds ia mia wannds hoamkemmds?
Sagt ihr mir, wann ihr heimkommt?

I vastäh ned, warumsd auf oamåi āso spinna duasd?
Ich verstehe nicht, warum du auf einmal so spinnst?

Då håd mia no neamds nixe ned gsågd!

4 x nein = nein!

Die Möglichkeiten, eine verneinende Aussage zu betonen, sind schier unerschöpflich. Man muss sich dabei nur der speziellen arithmetica bavarica bedienen, wie in der Kapitelüberschrift!. Davon wird auch reger Gebrauch gemacht, wie bei Vernehmungen nach einer Oktoberfestschlägerei:

Doppelte, dreifache und vierfache Verneinung hebt sich für den bairischen Verstand nicht auf, sondern verstärkt sich im Gegenteil in entsprechendem Maße – mag das auch kein Nichtbayer nie nicht verstehen.

Håm Sie dem ān Maßgruag aufn Koobf naufghaud?

Naa, i håb den Keal no iwāhabbds gå ned gsäng!

Ea sågd awā, Sie wāāns gwesn!

Ā gengānS zua, Hea Wachdmeisda, i håb den doch no går nia ned gsäng vorhea! Und iwāhābbds håb i no nia koam koan Maßgruag aufn Koobf ned naufghaud!

Wea wāārs denn dann gwesn?

Des woaß i ā ned. I håb durchaus gårnix ned gsäng und ghead, weil i nåch dā Käinarin gschrian håb, dāmids mā-r-ā frische Maß bringd in ām ganzn Griagl ...

Mei, fei, gäi, gä

Die typisch bairischen Einschiebsel

Typisch fürs Bairische: diese kurzen Einschiebsel. Ihr Gebrauch ist eine Gefühlssache und kann kaum vollständig in irgendwelchen Regeln dargestellt werden, obwohl es durchaus Grenzen gibt, wann welches anzuwenden ist. **Mei, mā muaß des håid gspian, wanns richtig is.** (Man muss es halt fühlen, wann es richtig ist). Vor allem stößt der Baier nicht ständig ein unmotiviertes **jamei** aus, wie manche im Norden glauben mögen.

Mei ist ein verkürztes „Mein Gott!". Es ist meistens bedauernd, ratlos, beklagend, aber auch so eine Art verbales Schulterzucken, besonders zusammen mit „ja".

Ja mei, då muaßd jätz säiwā schaung, wiasd wiedā rauskimmsd aus dearā Vālengheid.
Nun, da musst du selbst zusehen, wie du aus dieser Verlegenheit wieder herauskommst.

Ja mei, wennds nix mea dåhåbbds, schauge woandās. Is ned so drāgisch.
Nun gut, wenn ihr nichts mehr dahabt, sehe ich mich woanders um. Ist nicht so schlimm.

Ja mei, des ko i do ned schmeggā, dāßd Katz im Hoizhauffā schlaffd.
Woher soll ich denn wissen, dass die Katze im Brennholz schläft?

Gibds håid heid åmds ān fåischn Håsn.
Nun, so essen wir denn heute Abend falschen Hasen.

Omei Bua, bisd wiedā-r-ān Dreeg neigfåin!
Ach Gott Junge, bist du wieder in den Schmutz gefallen!

Mit **o** kombiniert, kann es unbegrenzt oft wiederholt werden, und bildet eigene, lange, durchaus nuancierbare Sätze.

Du, dei Auddo gähd fei nimma so rächd...

Ommei!

Ja und wiammās ausm Gråm wiedā rausbringā, miassmā-r-uns āā iwaleng.

Ommeiomei!

Und wiavui dā Schrotthandlā zåid, woase ā no ned...

Ommeiomeiomeiomeiomei.....

grådaus schauung = *belämmert kucken*

Går nix nämlich. Då weadā no grådaus schaung, wenn ea no draufzåin deaf.

Fei ist dasselbe „fein", das man in so manchem Volkslied noch findet („... schweig fein still ..."). Es ist bekräftigend, hinweisend, warnend, eine Art gesprochene Unterstreichung.

I draumā des fei scho!
Ich traue mir das durchaus zu!

Du i såg dās, dua mā des fei jaa ned!
Ich sags dir, mach das bloß nicht!

Vorn håsd fei ān Bladdn!
Pass auf, du hast vorne einen Platten!

Gäi oder in der Siezform **GäinS** ist das sonst im Deutschen übliche „nicht wahr" und wird auch so gebraucht.

Du kimmsd heid åmds, gäi?
Du kommst heute abend, nicht wahr?

Gäi, i deaf heid bis zwoife fuaddbleim?
Nicht wahr, ich darf heute bis Mitternacht ausbleiben?

Des is fei ned wåhr, gäinS!
Das ist aber nicht wahr, hören Sie?

Statt **gäi** hört man auch **ned wåhr** oder nur **ned/nedā**:

Des is fei ned wåhr, nedā?
Das ist aber nicht wahr, nicht?

Gäh ist eine je nach Tonfall mehr oder weniger höfliche Aufforderung, was zu tun oder zu lassen. Gleichbedeutend damit ist **kimm**, wobei man auch beide gern kombiniert, irrerweise.

gäh = *geh*
kimm = *komm*

Gäh kimm, sei so guad, hoimā-r-ā Muich bei dā Frieda voan.
Geh komm, sei so gut, hol mir doch mal Milch bei Frieda.

Ā gäh, wåsd ned sågsd?
Ach was du nicht sagst?

Du, des laßd fei bleim, gäh! Wei sunsd ruggmā-r-āmåi zamm miā zwoa!
Du, das lass sein, hörst du? Sonst gibts Händel!

Oreim odā åreim?

„Über-, auf-, ab-, be- und ver-“

Jetzt können wir unsere im ersten Kapitel erworbenen Aussprachekenntnisse endlich praktisch anwenden. Es geht hier um Vorsilben bei Zeitwörtern (an-, auf-, ver-, be- usw.). Ein ganz besonderes Paar sind die Vorsilben **å-** (ab-) und **o-** (an-). Man muss schon genau hinhören, um den Unterschied mitzukriegen.

Reibsdān Rādio o?
Schaltest du (wörtl. *„reibst du“*) den Radio an?

Warummā, den håwe do gråd ågriem.
Warum denn, den habe ich doch gerade erst abgestellt.

Då is oanā, dea mächds Tällefon oschliaßn.
Da ist einer, der das Telefon anschließen möchte.

Wennsd weidā ā sovui rādschn duasd, wearedās Tällefon åschliaßn!
Wenn du weiterhin soviel schnackst, werde ich dir das Telefon abschließen!

Då kemmā dRāālen oschliaßn!
Da können wir die Fahrräder anschließen!

Ja, awā åschliaßn miaßmās ā!
Ja, aber abschließen müssen wir sie auch!

Eine andere berühmte bayrische Vorsilbe ist **dā-**, die keine direkte Entsprechung im Schriftdeutschen hat. An ihrer Stelle stehen oft „er-, zer-, ver-". Ihre Grundbedeutung ist : etwas zum Erfolg oder Ende führen (können).

Mei, des Rädsl is awā schwāār, des dārååd i nia!
Ach, das Rätsel ist aber schwer. Das errate ich nie!

Eanā Hund håd mā meine Schuah dābissn!
Ihr Hund hat mir meine Schuhe zerbissen!

Am Schluß håds de Strāpādzn nimma dākraffd.
Am Schluss verkraftete sie die Strapazen nicht mehr.

Nicht so ohne weiteres ins Schriftdeutsch zu übersetzen sind folgende **dā-** Wörter:

dābāddsn	zerquetschen
dābaggā	vertragen, verkraften, heben können
dābläggā	necken, verspotten
dādrång	tragen können
si dāfangā	wieder ins Gleichgewicht/ zu Kräften/Geld kommen
dāgārmā	erdrosseln
dāgeem	ergiebig sein, sinnvoll sein (bei Tätigkeiten)
dāglangā	erreichen/berühren können

dāhåiddn	erhalten, heben können, rechtzeitig bremsen können
dākemā	umkommen durch Erschrecken, Zorn, Angst
dāloawed	völlig erschöpft
dāreiddn	bändigen können
dārennā	durch Rasen umkommen, furchtbar hektisch sein
dāschnaufā	genug Atem haben z.B. zum Wandern
dāschrein	durch Schreien erreichen
dāwarddn	abwarten können
dāziang	ziehen können

Zu den sonstigen Vorsilben ist zu sagen, dass be- sich meist zu **b-** und zer- oft zu **z-** verkürzt. Die Konsonantenhäufungen, die dabei entstehen nehmen wir um der Kürze (und Würze) willen gern in Kauf.

bsuffa	besoffen
bscheißn	betrügen
bstäin	bestellen oder bestehlen
bsedzd	besetzt
zgriang	sich verkrachen mit jemand
zkein	sich verkrachen mit jemand
zreißn	zerreißen, noch etwas schaffen
zbrechā	zerbrechen

Ea war bsuffā und håd ned gmirkt, wia-n-ā dā andā bschissn håd.
Er war besoffen und hat nicht gemerkt, wie ihn der andere betrogen hat.

Iatz sāns āso zkeit, dass åisse zspäd is.
Jetzt sind sie hoffnungslos verkracht.

Heid iss scho späd, heid zreiße nix mea.
Es ist schon spät jetzt, ich fange heute nichts Neues mehr an.

Auffe muaße aufn Beag – odā auff?

„Hinein, herein, hinaus, heraus, ...“

Seit dem berühmten Alpenspektakel von Ambros/Tauchen/Prokopetz ist das **auffe muaß i aufn Beag** berühmt-berüchtigt. Oder hieß es **auffā**? Das kommt ganz auf den Standpunkt des Bayern an. Ist er unten am Berg, sagt er: **då muaß i auffe**. Steht er auf dem Berg oben, sogt er: **då kimmd mā ned leichd auffā**. Das **-e** bezeichnet also die Bewegung vom Sprecher weg, das **-ā** die Bewegung zum Sprecher hin.

Der Wechsel **-e/-ā** kommt bei vielen anderen Verhältniswörtern vor. Auf dass die Vielfalt unseres bairischen Idioms jedem sichtbar werde, stehen noch Alternativformen dabei:

eine (nei)	hinein	**einā (rei)**	herein
ausse (naus)	hinaus	**aussā (raus)**	heraus
umme (nüwā)	hinüber	**ummā (rüwā)**	herüber

hintre (hinddā)	zu ihm hinter	**hintrā**	zu mir hinter **(hinddā)**
fiare (voa)	„hin"vor	**fiarā (voa)**	hervor
åwe (nunddā, nåå)	hinab	**åwā (runddā, *råå)**	herab
one (hi)	an ihn hin	**onā (hea)**	an mich her
zuawe	hinzu	**zuawā**	herzu

„Bringmā-r-āmåi ā Såg hintrā", håd dā Vaddā gsågd. Då is dā Buā gangā und håd eam an Såg hintrebråchd. „Malefizbua," håd då dā Vaddā gschimbfd, „i woidd ā Såg, koan Såg."

„Bring mir bitte ein Mal eine Säge zu mir hinter", sagte der Vater. Da ging der Junge und brachte ihm einen Sack hinter. „Du Lümmel," schimpfte der Vater, „ich wollte eine Säge, keinen Sack."

Und zum Schluss des Themas Ortsangaben ein weiteres Beispiel dafür, dass Bairisch allen unnötigen Kompliziertheiten aus dem Weg geht:

hier	**då**	da	**då**	dort	**då**

Wie man sie unterscheidet? Der Ton macht die Musik...

Lesen und übersetzen Sie:

Reall, Rähāl, Rähā, Räh:

Reall	Röhrchen
Rähāl	Pfifferling
Rähā	Rechen/Rächer/rächen
Räh	Reh

Ja gibdsn des āā?

Das Zusammenziehen der Wörter

Der Bayer liebt es, kleine, kurze, unbedeutende Wörter bis auf einen einzigen Laut zusammenzukürzen und das dann an ein anderes Wort hintendran zu kleben. Eines dieser Wörter ist „denn“, das als Frageanhängsel als bloßes **-n** erscheint.

Wås issn?
Was ist denn?

Wås mächdān?
Was möchte er denn?

Konsdn du ned kemmā?
Kannst denn du nicht kommen?

Man beachte und lasse sich auf der Zunge zergehen: möchte-er-denn in einem Wort! Das ist fast schon agglutinierend wie Türkisch oder gar inkorporierend wie Grönländisch! Allerdings ist nicht jedes angehängte **-n** ein „denn“. Und hier betreten wir ein weites, weites Feld!

„Ich, mir, mich, dir, dich, ihn, sie, es“ usw. werden nämlich auch arg verkürzt und zu zweit oder gar zu dritt hinten an ein Wort hinkomprimiert. Die schriftdeutsche Wortfolge interessiert dabei nicht so sehr. Und das Ganze geht auch wieder nach einem Baukastenprinzip. Erst mal ein Anhängsel. Angehängtes „ich, du, er“ am Beispiel „haben“:

håwe	habe ich	**hådmā**	hat man
håsd	hast du	**håmmā**	haben wir
hådā	hat er	**håbds**	habt ihr
håds	hat sie	**håms**	haben sie
håds	hat es		

Daran kann man nun „mir, mich, dir, dich, ihn, sie“ ... in allen möglichen Kombinationen, sogar mit dem enklitischen denn, anhängen. (Ihm, ihr, uns, euch allerdings verweigern sich dieser Prozedur.) Dabei kommen eine ganze Reihe bunter, vieldeutiger Möglichkeiten zusammen. Jetzt mal zwei angehängt:

håwemā	habe ich mir
håwedā	habe ich dir
håwen	habe ich den/ihn
håwes	habe ich es/sie (Ez.) oder habe ich sie (Mz.)

Feststehende Bedeutungen haben folgende Ausdrücke:

Håsdme?
hast du mich?
Hast du mich verstanden??!! (Warnend!)

Hådsde?
hats dich?
Hat's dich erwischt?
Spinnst du?

Hådsn?
hats ihn?
Hat's ihn erwischt?
Spinnt er?

Håms = „haben sie". Das ist so eine Art Passiv. Wenn etwas geschehen ist, wo man nicht weiß, wers war.

Då håms eam ās Auddo gstoin.
Da wurde ihm sein Auto gestohlen.

Nåch drei Jåhr håmsn dāwischd.
Nach drei Jahren hat man (wörtl.: haben sie) ihn erwischt.

Jetzt wollen wir drei und sogar vier anhängen:

hådāmān	hat er mir ihn oder hat er mir denn
hådāmās	hat er mir es/sie (Ez. oder Mz.)
hådādān	hat er ihn dir *(andere Reihenfolge als im Bairischen!)*
hådāndān	hat er ihn dir denn
hådāsdān	hat er es/sie dir denn

Zwei- und mehrdeutig sind die folgenden Formen:

hådsmān	hat es/sie mir denn
hådsdās	hat es/sie (Ez.) dir es/sie (Ez. oder Mz.)
hådsndān	hat es/sie ihn dir denn oder hat es/sie dir ihn denn

Als Krönung sozusagen ein Wort, das zwölf (12!) verschiedene Bedeutungen haben kann:

sågdsās:

Sagt sie sie?*(Ez)*	Sagt es es?
Sagt ihr sie?*(Mz)*	Sagt sie es?
Sagt es sie?*(Mz)*	Sagt sie!*(Ez)*
Sagt sie sie?*(Mz)*	Sagt ihr sie?*(Ez)*
Sagt es!	Sagt es sie?*(Ez)*
Sagt ihr es?	Sagt sie! *(Mz)*

I mächd mei Gäid!
Ich möchte mein Geld!

Kemmds, gebsdn eam wiedā.
Kommt, gebt ihn ihm zurück.

Warum hådāsdān no ned gem?
Warum hat er es dir denn noch nicht gegeben?

Warum gebdsnān eam ned wiedā?
Warum gebt ihr ihn ihm denn nicht wieder zurück?

Wenns wui, sågdsās.
Wenn sie will, sagt sie es.

Na, wennds woidds, sågdsās ia.
Nein, wenn ihr wollt, sagt ihr es.

Jetzt kanns leicht einmal sein, dass man was nicht so recht verstanden hat. Da gibt es mehrere Möglichkeiten, nachzufragen.

Hãã? (sehr deutlich nasal) oder beim Siezen: **HããnS?**

Etwas höflicher: **Wia?/Wås?/Wås håsd** oder **håmS gsågd?**

Noch höflicher: **Biddschen wås håmS gsågd?**

Um solchen Fragen vorzubeugen, oder um ihnen zuvorzukommen, hängt man an den Satz – zuweilen penetrant oft – ein **vāstähsd?** an:

Du des is ā so ā Durchārānand, vāstähsd, dāß se koas mea auskennd, ned. Då soidd oas dann no gscheid arwān kinnā, vāstähsd. Ätz weads āmåi Zeid dās ā jäds sei Glumbb baggd und aufrāmmd, vāstähsd?

Du, das ist solch ein Kuddelmuddel hier, nicht wahr, dass sich kein Mensch mehr auskennt, nicht. Da soll man eine vernünftige Arbeit zustandebringen, wie? Zeit, dass jeder seine sieben Zwetschgen mal ordentlich aufräumt, verstanden?

Ist Ihnen aufgefallen, dass der Bajuware da die sächlichen, also geschlechtsneutralen Formen **koas** (keines), **oas** (eines) und **a jäds** (jedes) verwendet hat? Das war und ist im Bairischen so üblich, so braucht sich keines, weder Männlein noch Weiblein, benachteiligt fühlen. Bairisch ist eben nicht nur einfach, schön und ausdrucksfähig, sondern eben auch voll für Gleichberechtigung!

A jäds lāffdmā då mid Fleiß drüwā.
Ein jedes läuft mir da mit Fleiß darüber.

Mid Fleiß ist eine häufig gebrauchte Floskel mit der Bedeutung: mit voller Absicht. Und das **mir** ist eine weitere bairische Besonderheit: wenn man ausdrücken will, dass eine ganz bestimmte Absicht dahinter steckt oder etwas einem sehr am Herzen liegt, dann baut man so ein **mir, dir...** in den Satz mit ein.

Dā Bua ißd mā einfach ned.
Der Junge isst einfach nicht, so sehr ich es will und versuche.

So springddā dei Karrn nia o!
So springt dein Wagen nie an, und wenn du es noch so oft versuchst.

Ea is iarā ned hoamgangā!
Er ist nicht mit ihr heimgegangen, obwohl sie mit dem Nudelholz im Wirtshaus eine Szene gemacht hat.

Griasgood und Bfiagood

Begrüßen & Verabschieden

Im Gegensatz zum norddeutschen „Moin!" kann man Moing *wirklich nur in der Frühe verwenden.*

Je nach Tageszeit und Gelegenheit hält das Bairische eine Reihe fein nuancierter Begrüßungsfloskeln bereit, die teilweise Varianten des weithin bekannten „Grüß Gott!" sind.

Der Tag fängt an mit einem munteren **Guabmoing** oder einem verschlafen-muffelig..., Verzeihung, grantigen **Moing**. Gilt das für mehrere, kann man hier und bei vielen der noch folgenden Floskeln ein **beinand** anfügen: **Guabmoing beinand!**

Unter tags tritt dann allgemein **Griasgood** oder **Griasgoobbeinand** in Aktion, etwas vertraulicher zu Siezpersonen **Griasseana**(**good**). Leute, die man duzt, bekommen **Griasde**, **Griasdegood** oder **Griasde nahā** zu hören. Letzteres sagt man am ehesten zu Kindern. Sinds mehrere, sagt man **Griasseich**(**good**).

Besonders **Spezln** (gute Freunde) grüßen sich mit einem lässig ausgespuckten **Seavus**, das über **Sheavass** bis zu **Sseasss** lauten kann. Das **sh** spreche man nicht wie im Englischen ship, sondern als h nach s, also als aspiriertes „s"! Mittlerweile seltener hört man **Hawādere** oder **Hawädere** (Habe die Ehre), das auf Bekannte und Freunde gemünzt ist.

Bei der Verabschiedung sind noch immer, trotz hartnäckiger Versuche von Nichtbajuwaren, dies zu ändern, die Varianten von „Behüt Dich/Sie Gott!" die eigentlich Alleingültigen. Zwar zischen bei der Verabschiedung mittlerweile schon zu viele, die sich ansonsten Bayern nennen, Norddeutsches, doch betrachte ich das (verzweifelt) als Messfehler, statistische Ausreißer oder so was... Schon um der feinen Nuancen willen sollte man also die folgenden Floskeln nicht vernachlässigen: **Bfiagood** oder **Bfiagood beinand** ganz allgemein, etwas vertraulicher **Bfiaddeana(good)**. Zu Freunden **Bfiadde(good)** oder **Bfiadde nahā**, bei mehreren Personen **Bfiaddeich(good)**. **Servus** und **Hawādere** passen auch hier recht gut, sie werden gern mit **machs guad** oder **machdsās guad** (bei mehreren) verbunden.

Seavus, Åidā! Ā no umd Weg heid?

Seavus, ja, i fahr gråd ād Stååd eine. Wia gähds åiwei?

Aja, dangsche dā Nachfrag, sāmmā zfrien. Und säiwā?

Gähd wiedā bessā. Letzte Wohā ware ned so guad beinand.

Du, i muaß weidā, gäi. Machs guad nahā, seavus!

Ja, du ā, gäi. Seavus!

Beinandsei *drückt das Befinden aus. Wenn man* ned so guad beinand is, *ist vielleicht grad eine Grippe im Anzug oder ein Rausch im Abzug, aber richtig krank ist man dann noch nicht. Wenns einem richtig dreckig geht, kann man sagen, man sei* haude beinand. *Das Gegenteil davon ist z.B.* schnäggälfidäi *(quicklebendig)*.

Neben den allgemein üblichen Dankesformeln **Danggsche(n)** oder **Dangg dā sche** (bei Duzfreunden) und **Bittsche(n)** gibt es besonders im ländlichen Bereich noch das **Vergeltsgott** ***Gäidsgod**, das als Antwort ***Sängsgod** erwartet. Da kann es einem auch passieren, dass man etwas mit dem Wort ***sä!** gereicht bekommt, was wahrscheinlich das französische c'est ist. Und wer **Ssseasss** sagt, bedankt sich in der Regel auch französisch-lässig mit **meāssse!**

Was ein Schmāizlā *oder* ā Bries *ist, dürfte durch den heiligen Aloisius, ehemaliger Dienstmann am Münchner Hauptbahnhof, hinreichend bekannt sein.*

Wenn einer einen **Schmāizlā** genossen hat durch kräftiges Niesen, wünscht man ihm: **Häifdāgod, dāßs wåhr is.** Den Akt des Nasereinigens nennt man **schneizn**. Dem Menschen ist diese Kunst nicht angeboren, weil besonders junge Exemplare oft mit einem **Rodzleffe** oder einer **Rodzgloggn**, also einer Nasensekretfließspur, herumlaufen. Trocknet es an, sagt man **Nåsnrāmme** dazu. Ein **Rodzleffe** bezeichnet aber nicht nur eben jene Spur, sondern auch den Träger derselben, besonders wenn er sich frech gebärdet.

Fast ausgestorben ist ehā! *oder* åhā!, *das man z.B. bei Remplern als Entschuldigung vorbrachte.*

Hat man Grund, sich zu entschuldigen, macht man das heutzutage zumeist mit **TschuidignS, Sie entschuidignS** oder, wenns besonders peinlich ist, setzt man noch **mei** davor: **mei, tschuidignS vuimåis!**

Jamiläxtama ...

Das erste Gepräch

Ist es dem Norddeutschen gelungen, ein längeres Gespräch mit dem bayrischen Eingeborenen anzuknüpfen, so wird er im Laufe der Unterhaltung so manche Kommentare und Bemerkungen hören. Am einfachsten sind dabei **Ja**, **Jo** und **Nā**. **Ja** und **Nā** sind klar, das ist einfach Ja und Nein, wobei beim **Nāā** das **ā** wiederum nicht breit genug sein kann. Über die 1001 verschiedenen Arten, das **ā** zu dehnen, breiter und enger auszusprechen und dadurch die verschiedensten Stimmungen auszudrücken, könnte man wahrscheinlich ganze Dissertationen schreiben. Darauf verzichte ich hier lieber zugunsten des **Jo**: Das **o** muss ganz geschlossen sein, wie in „doof". Es bedeutet schon, „doch" als Antwort auf eine verneinte Frage, und kommt meist verdoppelt daher:

Du kimmst ned heid åmds, odā?
Du kommst nicht heute abend, oder?

Jojo, i kim scho! Mia håms ja ausgmacht.
Doch doch, wir haben es ja so verabredet.

Hådā scho sei Glumpāds wegdo aus dā Gārāsch?
Hat er schon seinen Krempel aus der Garage geholt?

Eine Art unterstrichenes „Nein" ist āwo *= ach woher denn).*

Āwo, des bleibb bis nächsts Jåhr dåsäi flaggā.
Ach woher denn, das bleibt bis zum nächsten Jahr da liegen.

Auch der Bayer ist nicht frei davon, seiner Rede zuweilen irgendwelche Füllsel und Anhängsel beizumischen, wie: **vāstähsd**, **ned**/ **ned-wåhr**, **woaßsdscho** oder **'āschdscho**, **woaßdwiāre-moan**, **håwegsågd såge**, **sei mā ned bäs**:

Du sei mā ned bäs, awā-r-āso konsd des ned machā, vastähsd. Då muaßd zeaschd des Drumm då åweschraum, 'āschdscho, na konsd des Kāwe då ummeziang, woaßd wiaremoan. Dann weadsdā heanåch ned zhoaß, vastähsd, sunsd kanndsdā leichd duachschmoan, 'āschdscho, ned dāßdā-r-ān Kuazn gibt, ned. (Leamoastā zum Leabuam)

Ea soi doch āmåi kemmā, håwegsågd såge, und si de Sach oschaung.
Er soll doch einmal kommen, habeichgesagt sageich, und sich die Sache einmal ansehen.

Ja, kenā voa lachā, wennā grang (***grangā**) **im Bett liegd.**
Ja, können vor Lachen, wenn er krank im Bett liegt.

Beliebt sind auch **Heāschafd**(**seiddn**) oder **Hārschafd**(**seiddn**), die mit unterschiedlichsten Tonfällen, Bewegungen und Gesichtsausdrücken auf nahezu jede Situation passen:

Hārschafd ja, i woidd ja no ān Kare oruaffā heid åmds. *plötzliches Erinnern*
Herrschaft ja, ich wollte doch den Karli heute abend noch anrufen.

Heaschafd ja, du, des wār ā Idää! Des kānnd mā machā! *Zustimmung*
Herrschaft ja, du, das wäre eine Idee. Das könnten wir machen!

Hārschafdseiddn, hea håid āmåi auf mid deim Wuisln! *Unmut*
Herrschaft-auf-die-Seite, hör doch auf mit deiner Jammerei!

I ko dā ā koa neiche Sandschaufe heazauwān!
Ich kann dir auch keine neue Sandschaufel herbeizaubern!

Heaschafd, is des ā schene Musik! *Freude*
Herrschaft, is das eine schöne Musik!

Stianghaus = *Treppenhaus*

Wenn sich zwei im **Stianghaus** begegnen, und es macht sich aus irgendwelchen Gründen eine leichte Verlegenheit breit, weil sie sich etwa nicht gern grüßen oder so, kann man dies mit dem folgenden, ebenfalls vielseitig verwendbaren Satz überspielen: **So, ätzā!** Ansonsten bedeutet dieser Satz (unterlegt mit verschiedenen Satzmelodien und -rhythmen natürlich):

Ebenso vielfältig von Erstaunen bis zu Unmut einsetzbar ist: Mei liawā Schiawā ! = *Mein lieber Schieber!*

Ja, was ist jetzt, ich bin da!
Los, gehen wir!
Jetzt sind wir fertig.
Schau dir den Schlamassel nur an!

Das auch außerhalb Bayerns gebrauchte „in Gottes Namen" wird hierzulande bisweilen erweitert zu: **In Gods Namā dreißge!**

Ein Prittlbeggā *ist einer, der aus Prittlbach stammt.*

Nehmen wir einmal an, ein Berliner erzählt einem **Prittlbeggā** eine schier unglaubliche Story. Dessen Erstaunen steigert und äußert sich, zunächst verhalten:

Besonders letzteres mia gāngst *hat schon einen deutlichen Beigeschmack von Schaudern. Da kann man dann noch* Auwäh zwick! *oder* Um Goodswuin! *anbringen.*

Ā wås? Ā gäh?! Ā wåsd ned sågsd!?! Ā hea auf!??!

dann schon mehr:

Ā vāregg!! Ā wås ned går?? Gä zua?! Gäh mā do zua!?? Sāxndi!

und noch mehr:

Javāregg do glei!!! Jamiläxtama...!!! Ja vāregg Kaffäähaus! Mia wannsd ned gāngst!!!!

Bei völlig erstaunter Ratlosigkeit, z.B. stundenlanger Suche nach einem Schlüssel, der **gråd eem no då war**, gerade eben noch da war, entfährt dem Bayern gern:

Jätz weads Dåg! Jätz weads hint hää wia vorn!
Jetzt wird es Tag! Jetzt wird es hinten höher wie vorne!

Besonders glaubwürdig wird eine Beteuerung, wenn hinten drangehängt wird:

... na friß i ān Bäsn zamt dā Budzfrau!
... dann fress ich einen Besen mitsamt der Putzfrau!

Ā jätz weads Dåg! Wo is denn dea Scheis Schlissl??!! Des gibts doch går ned sowås, glābstāsnā!! I suach scho seid drei Stund! Wenn dea ned im Källā drunt is, na friß i ān Bäsn zamt dā Budzfrau!
Ja pfeigråd, då liegtā ja! Hurrāxdāx, håmmān scho!

Wenn die Ratlosigkeit in Ärger umschlägt, ... nun, dann steht dem Bairischen eine schier endlose Fülle von rollenden Ausdrücken zur Verfügung. Die Palette reicht von ersten Warnungen bis zu letzten Verbalinjurien vor dem Ausbruch von Handgreiflichkeiten. Am Anfang, etwa nachdem einer eine unverschämte Forderung gestellt hat, könnte man folgendes hören:

Ja, dā andā! Du eam schau ned o! Kāām ea hea, i soidd eam de fuchzg Eiro zåin! Du wāsd ja schee schee!
Ja, der andere! Schau ihn nicht an! Käme er daher, ich sollte ihm die fünfzig Euro zahlen! Du wärst ja schön schön!

Mei Gäid wui i håm, und zwar glei, du Schlāwinā, du!
Mein Geld möchte ich haben, und zwar auf der Stelle, du Schlawiner!

Du bāß fei auf, gäi! Håidd dei Fåfen und schaug dāßd nauskimmsd, awā glei! Diā giwe glei ān Schlāwinā!
Pass bloß auf, ja! Halt die Klappe und schau, dass du hinauskommst, aber gleich! Dir gebe ich gleich einen Schlawiner!

nausstāmbben = *auffordern, einen Ort im eigenen Interesse möglichst fluchtartig zu verlassen*

Wenn jemand **sei Fåfen håiddn** soll, meint man, er soll **sei Mei håiddn / sei Fodzn håiddn, stād sei,** also besser schweigen. Weitere Möglichkeiten, jemanden **nausstāmbben**:

Schleich de!/Zubf de!/Schwing de!/
Vāschwindd!
Schaug, dāßd weidākummsd!
Då hād dā Zimmāmo s Loch lassn!

Erweist sich der andere als **dorād** (taub), erreicht er irgendwann den Siedepunkt. Besonders dann, wenn er dem anderen **Småschläggā ohengd**, d.h. ihn auffordert, ihn am A... .

Allerhöchste Vorsicht ist geboten, wenn man hört:

Jädz håsdās fei gnau beinand!
Jetzt hast du es genau beisammen!

No oan Muggsā!
Noch einen Muckser!

I fodz/wādsch di ā so hea!
Du weasd dā glei ā soichāns Drumm Schäin eifangā!
Du bekommst solche Prügel
(= **Fodzn/Wādschn/Schäin**)

Glei fåid dā Wādschnbām um!
Gleich fällt der Watschenbaum um!

Glei duads ān Dumbfm!
Gleich tut es einen dumpfen (Schlag).

Glei fangsd oane/schmieredā oane/schengedā oane ei!
Gleich fängst du/schmier ich dir/schenke ich dir eine ein!

Glei gnåids/schäwāds/schnåidzds/staubds/ duschds/schnāgglds!
Gleich knallt/scheppert/schnalzt/staubt/duscht/schnackelt es!

Schnāggln ist ein herrlich vielseitiges Wort. Seine Grundbedeutung ist sehr ungefähr „ein klickendes Geräusch machen". **Wenns schnāggld**, kann das außer der obigen Bedeutung auch noch heißen:

etwas gibt ein kurzes Geräusch von sich
etwas rastet ein
jemand kapiert was
zwei verlieben sich

Schäwān ist schon um einiges heftiger. Es wird auch bei Unfällen gebraucht:

Då vorn am Eck håds sauwā gschäwād.
Da vorn am Eck hat es schlimm gekracht.

Um seinem Unmut Luft zu machen, kann man sich aus der folgenden, nach oben offenen Fluchskala je nach inwendigem Bedürfnis das Passende heraussuchen:

Ich führe hier pietätvoll nur die Stufen von „leichtem" bis „mittelschwerem Unmut" an... Die Akzentzeichen zeigen die richtige Betonung an, sonst wirkt es nicht! Höchstens lächerlich, was wiederum leicht zu kernspaltungsähnlichen Folgen führen kann.

leichter Unmut ...

Sāggrādi!, **Sābbrādi!**
Sāppālott!
Herrschafdsdonnā!
Sägglzemént! (Zementsäckchen!)
Gruzemendd bzw. **-menzing!**
Gruzefümfāl!
Gruzenäsn!
Gruzetürkn! (Leider...!)
Greizbianbaumundhollāstaun!

... mittelschwerer Unmut

Weiterhin kann man sich aus dem folgenden ABC wenig schmeichelhafter Bezeichnungen für Mensch und Ding nach Herzenslust bedienen. Aber Achtung: die Liste hat keinen Anspruch auf auch nur halbwegs erreichte Vollständigkeit. Und: der Autor übernimmt keine Verantwortung für etwaige Folgen des Gebrauchs. Sie wissen ja: bei riesigen Nebenwirkungen essen Sie die Packungsbeilage ...

Aff, siemgscheidā	Neunmalkluger Affe
Aufgrobfādā	Kropfträger, Wichtigtuer
Ausfrādschlā	jemand, d. Leute ausfragt, um das Gehörte weiter zu erzählen
Bāgāschi üwārānand	ein Haufen unwillkommener Leute
Bāzi	durchtriebener Mensch
Bäifārā	einer, der ständig **bäifād**, d.h. herumschimpft
Bosniggl	boshafter Mensch
Bridschhāfāl	einer, der immer alle **vābridschd**, also z.B. in d. Schule verklagt
Däbb, åidā	mit das Schlimmste, was man zu einem alten Menschen sagen kann
Däbb, dāmmischā	Idiot, dämlicher
Drudschn	alte, behäbige Frau
Eadepfedrāgonā	grober Tölpel
Frettā	auch einer, d. Leute ausfragt

Kletze = *vertrocknete Birne*

wia-r-ā gspiems Griasmuas = *wie gekotzter Grießbrei*

Glāche	schleimiger Auswurf, besonders gemeiner Kerl
Gscheade Ruam, gscheade	fiese Rübe, fiese
Glädzn	doofer Kerl
Gloiffe	ungeschickter, und dummer Mensch
Glumbb	Krempel
Gribbe, hundsheiddānā	nicht Grippe, sondern Krüppel, hundshäuterner
Gruaschd	Krempel
Grānddlā	Grantler, einer, der den bayrischen **Grāndd** pflegt
Grischbāl	schmächtiger Kerl
Gschiß	Herumgetue
gschubfdā Bruadā	eitler, sich zierender Mensch
Gschweal	ein Haufen unsympathischer, verdächtiger Leute
Hāmme	Hammel
Hådālumbb	schlechter, betrügerischer Kerl
Hosnscheissā	Hosenscheißer, Angsthase
Kāāsloawe	bleicher Mensch, der aussieht, **wia-r-ā gspiems Griasmuas**
Laddiāl, **Lalle, Lapp**	Jammerlappen, lascher und schlaffer Kerl
Lädschnbene	einer, der anderen ständig **ā Lädschn ohengt**, sie also mit einem dauermürrischen Gesicht belästigt

(... könnte doch ein Kündigungsgrund sein?)

Lāggl	Flegel
Loas, misdige	besonders gemeine Frau
Mānschgāl	kleiner Mensch, auch Spielfigur bei Brettspielen
Mistmensch, das (!)	gemeine, hinterlistige Frau
Neidhāmme	Neidhammel
Ogschmåchs Mannsbuid	Mann, bei dessen Anblick allein m. schon beleidigt ist
Rādschn, Rādschkāthl	geschwätzige Frauensperson
Rāmme	Lümmel
Rauschkugl	Saufkopf
åide Rudschn	alte, umständliche Frau
Saubreiß, jāpānischā	wird auch ohne **jāpānischā** ausgiebig gebraucht
Schäggl	hinterlistiges Stück Mensch
Schmåibrust-āndāl	Schmalbrust-Andreas
Schoasdromme	dicke Frau
Stoibbārā	ungeschickter Mensch, Stolperer
Uaschl	naive Frau
Viech, dāmmischs	dummes Frauenzimmer
Wām, åide	alte, dickliche Frau
Wimmāl, läsdigs	Mensch, der ebenso lästig ist wie ein **Wimmāl** (Pickel)
Wuislā	einer, der ständig nörgelt und jammert
Xafāl	naiver Mann
Zankeisn, zwidās	zänkische Frau

Loas = *Mutterschwein*

Schoas = *Furz.*

(Stoibbārā ... *ein ähnlich lautender, allbekannter Familienname kommt vermutlich aber nicht daher ...)*

Zigaräddnbiaschāl, schwindsichdigs	schmächtiges Menschlein
Zwidāwuazn	ständig missgelaunte Person

Wie gesagt, man muss **aufbāssn wiā-r-ā Hāfdlmachā**, höllisch achtgeben, mit solchen Wörtern. Leicht trifft man einen, der **eirissig**, leicht beleidigt ist. dann kann es schnell passieren, dass er **einen umbrunzd und zuascheißd ...** (Übersetzung wohl nicht nötig). Andere wiederum **scheißn se går nixn ...**, machen sich gar nichts daraus.

Man muss grundsätzlich zwischen zwei Unmutsarten unterscheiden. Da gibt es zum einen die plötzlich ausbrechende Wut, die sich nach langer Zeit des Aufstauens Luft macht. Sie tritt besonders bei Leuten auf, die **an gāchā Hidzn**, Jähzorn, zu leiden haben. Wenn was passiert, was sie **digg**, **gstrichā** oder **hāndde håm**, nicht leiden können, dann **fahrd eanā dā Giez ei, gschwuid eanā dā Kāmbbe** – kurz, sie geraten in hellen Zorn. Dann **scheißns den andān zamm**, scheißen sie den anderen zusammen, **häifā eam nei ind Schua**, helfen ihm in die Schuhe, **baggān dāndd**, packen ihn Dant", dass er ganz **dāsig**, **drābfd** und **dānäbbfd**, verstört, ist. So schnell der Zorn kam, so schnell **griagd ea se wiedā ei**, fängt er sich wieder.

Von ganz anderer Art ist der chronische, stets vorhandene, aber nicht immer gleich stark in Erscheinung tretende Unmut. Dies grenzt dann schon fast an eine Lebensphilosophie, zu deren Beherrschung es einige Jahrzehnte braucht. Diese Philosophie nennt man: den **Grāndd**. Richtig angewendet, kann der **Grāndd** ein vortreffliches Bollwerk sein gegen allerlei Ungemach und Unangenehmes, und sichert dem **Grānddlā** seine königlich bayerische Ruhe, die ihm auch heute noch das wichtigste ist. Darin liegt auch die Wurzel für das Misstrauen gegenüber allem Allzuneuen, Allzumodernen, Allzuhektischem, das allzugerne aus hochnördlichen Richtungen zu kommen scheint, und allzuoft eben diese Ruhe bedrohen könnte. Unmerkbar versteckt für Freunde und willkommene Weggefährten, kann der **Grāndd** bei Bedarf blitzschnell hervorgezogen werden. Z.B. wenn des Altbayern Ohr eine mit „Tsch..." beginnende Verabschiedungsfloskel trifft.

Versöhnung bietet man mit hingehaltener Hand und dem Satz **gä, sāmmā wiedā guad** an. Geht der andere darauf ein, wird oftmals ein Versöhnungs-Umtrunk eingenommen: **schwoammās åwe** – spülen wir es hinunter!

D Arwād

Arbeit

Mei, die Arbeiterei beschäftigt einen halt doch (hoffentlich) einen Großteil der Lebenszeit. Man braucht Glück, wenn man nicht selbständig ist, dass man **ān guadn Schäff** oder **ā guade Schäffin** hat, der einem **koa rächde Sauarwād hoaßd**, keine rechte Sauarbeit anbefiehlt. **Dā Schäff** ist der, **dea wo oschaffd**, der befiehlt. Der eine **arwād sche gmāle dāhi**, schön gemächlich vor sich hin, der andere **laßd gar viare gråd sei, er reißd se koan Hāxn ned aus,** sondern **dridschld**, macht langsam. **Solchene** kann man als **drām-hābbād**, verträumt, **gstingād** oder **fei**, faul, bezeichnen. Dann kann es schon mal sein, dass er ein paar Aufforderungen nötig hat:

Kimm, schigg de, mågsd ned?
Schlein de ā weng!
Komm, beeile dich ein wenig!

Du gä, dāßd fei ja ned āmåi zuaglangsd!
Laß de ned dāwischn!
Er soll sich nur ja nicht dabei erwischen lassen, mal aus Versehen hinzulangen.

Andere sind genau das Gegenteil. Manche von ihnen verbreiten nur ineffektive Hektik um sich herum, zumeist mit Worten, vielen vielen Worten: sie **gschāfdln**, sind **Gschāfdlhuawā** oder **Meiaufreißā**, Geschäfterlhuber oder Maulaufreißer. Andre wollen sich als **Åschgriachā** und **Meideanā**, Mauldiener, ins günstigste Licht setzen. Solche Leute **brauchā dubbfā**, muss man zurechtstutzen. Wieder andere gibts, die tun recht viel, aber auch leicht zuviel, so dass nichts recht gelingt.

Soiche, de wo hudln hoaßd mā Ruaschn odā Reißā . Zu denen kann man gut sagen:

Solche, die hektisch herumfuhrwerken, nennt man Ruaschn *oder* Reißā.

Laß dā nua gråd dāhåi! Laß dā Zeid!
Ned āso ruaschād!
Zeit lassen! Nicht so hektisch!

... weil des gibd bloß um ā Fünfāl
ā Duachārānand.
... da kommt bloß Kuddelmuddel bei raus.

Mag ja sein, dass er aus Geldgier so **buggld** und **gradzd**, arbeitet wie ein Verrückter, dann ist er **ā geizigs Gnāck** oder **ruachād**, **a rächdā Ruach**. Er soll halt nur aufpassen, **daßs eam ned āmåi dābräsld**, dass es ihn nicht mal aus der Kurve haut. Bei manchen kann man sich allerdings **ās Mei gfransād reen** – sie glauben es einfach nicht. **Na håms ān Dreeg Schāchdāl**, dann haben sie die Bescherung!

ā geizigs Gnāck = *ein Geizkragen*

ās Mei gfransād reen = *sich den Mund fusselig reden*

Nach einem harten Arbeitstag kommt man **miad hoam**, müde heim, man ist **hi, kabudd, dāloawed, gschlauchd, hawedähre**, total fertig. Da hilft oft nur eins: **ans Kanabää hiflaggā**, sich auf die Couch lümmeln, und **ā wen-**

gāl nāfäzn oder **ruaßln**, ein Nickerchen machen.

Und immer dasselbe **mim Buivā**, dem Geld: kaum **håsdās åghebbd**, hast du es „abgehebt“ (allen Deutschlehrern zum Trotze!), rinnt es dir schon durch die Finger, dass einem lang vor Monatsende nichts mehr bleibt **wia-r-ā båår nodige Nodschāl**, als ein paar lächerliche Pfennige. **Ā so ā Gfredd!**, So ein Ärger!

auf dā Brennsubbm dāheagschwummā sei
von niedriger und bedürftiger Herkunft sein

Einige Ausdrücke für den schnöden Mammon:

s Diredāre	**dā Flinz**	**dā Kies**
dā Dråd	**ās Geaschdl**	**gKoin**

dā Bfening	Pfennig
dā Zwoaring	2-Pfg-Stück
ās Fümfāl	5-Pfg-Stück
ās Zehnāl	10-Pfg-Stück
ās Fuchzgāl	50-Pfg-Stück
ās Zwanzgāl	zwei 10-Pfg-Stücke
s Māgl	Mark
dā Zwiggl	2 DM
dā Fümfā	5 DM
guad eigsāmd sei	viel Geld haben

Aus lauter Nostalgie mögen hier die alten Bezeichnungen bleiben. Gelegentlich wird noch **Fümfāl** *oder* **Zehnāl** *für die (nicht mehr ganz so neuen) Cent-Münzen verwendet. Der Euro hat (noch?) keine wirkliche bairische Entsprechung, und das ohnehin fremde Wort „Cent" sollte wenigstens „Zent" ausgesprochen werden, nicht „Sssent"!*

dā fåische Fuchzgā
ein unehrlicher Mensch

Gwābbede
Reiche

Mia håm do koan Gäidscheißā!
Wir haben doch keinen Geldscheißer!

Der berühmte Gäidscheißā, *Geldscheißer, glänzt eigentlich immer durch Abwesenheit und wird gern von entnervten Eltern zitiert, deren Kinder ungeachtet der Haushaltslage immer neue Wünsche äußern.*

Des konsddā ān Huad steggā!
Das kannst du dir an den Hut stecken!

Ebenso drastisch:
Ghabbd und gschissn is zwoarāloa.
Gehabt und geschissen ist zweierlei.

oder:

Håm sång d Schwåm.
Haben sagen die Schwaben.

... als Antworten auf unerfüllbare pekuniäre Forderungen

Då bleibd eam dā Schnåwe awā sauwā, obwohls eam scho raushengā dääd.
Da bleibt ihm der Schnabel sauber, obwohl er es schon gerne gehabt hätte.

...sprich: Er muß Verzicht üben.

BFāmili und d Leid

Die liebe Verwandtschaft

Die früher gängige Großfamilie mit drei Generationen unter einem Dach findet man heute wie überall sonst in Deutschland auch nur mehr eher selten in ländlichen Gebieten. Statt des für den bayrischen Mund irgendwie sperrigen Wortes **Fāmili** für die liebe Anverwandtschaft bezeichnet man sie eher als meine **Leid dāhoam**, meine Leute zuhause. Davon zu unterscheiden sind **d Leid**, also die Leute, die nicht zu einem gehören. Das Mehrzahl „-s" am Familiennamen wie **Linsmaiers**, ist dem Bayrischen völlig fremd. Man sagt stattdessen **d Linsmaiā kemmān**, oder **d Linsmoārischn kemmā**, oder **då wohnd dā Linsmoare**, auch wenn er zuhause zwei Frauen und acht Kinder hat.

bMāmā, Māmm, Mudde, bMuaddā (*mit kurzem* **ua**)	Mama
***bMuadā** (*mit langem* **ua**)	Mutter
ān åids Muaddāl	liebenswerte alte Frau
dā Bābb	Papi
dā Vaddā oder ***dā Våådā**	Vater

In kleinen dörflichen Gemeinschaften werden ältere Herrschaften manchmal durchaus von allen **Vaddā** oder **Muaddā** genannt, obwohl sie keineswegs leibliche Eltern der ganzen

Dorfgemeinschaft sind. Frauen bekommen an ihren Familiennamen **-in** angehängt.

***Dā Ewāl-Vaddā wead heiā neinzge.**
Der Eberl-Vater wird dieses Jahr neunzig

***Greitlin, wia gähds åiwei?**
Frau Kreitl, wie geht es Ihnen?

d Omā	Oma
dā Obbā	Opa
dā Bua	Junge, Sohn
s Māāl	Mädchen
dDochdā	Tochter
dā Drāck	ungezogenes Kind
s Studzāl	kleines Kind
s Bäwāl, ā/ wås Gloans	Baby, Säugling
dā/ gGloa oder **Liadrig**	der/die Kleine
dā Grāddlā	alter tatteriger Mann
dā Ausdrāglā	einer, der im **Ausdråg** des Bauernhofes, wohnt
dā Sohn	Sohn (*weniger gebräuchlich als* **Bua**)
dā Hägglstäggā	zuweilen unverzichtbare Gehstütze älterer Leute, die **se schwāār gengā**

Krattler

Ausdråg = *der Altenteil*

se schwāār gengā = *sich mit dem Gehen schwertun*

Liadrig heißt eigentlich etwas, was irgendwie zu gering oder geringfügig ist. In Bezug auf Kinder hat es diese Bedeutung jedoch im Allgemeinen nicht. Vielleicht neigt die entnervte Mami zum Gebrauch dieses Wortes, wenn **des Gloane in dā Wiang** die ganze Nacht nur **blead** und **bläggd**, schreit und weint. Trotz **Flāschāl** und **Didsl** gibt es keine Ruhe und ist **rechd zäggād**, anhänglich. Oder wenn später **dā Liadrig** sein **suarādn** oder **wuislādn Dåg håd**, seinen schlechten Tag hat, **bloß mehr gnaunzd**, quengelt, und **de Gloa barrdu**, die Kleine partout, nicht aufs **Hāfāl** mag, dann mag man der Mami so manchen gequälten Seufzer über ihre **Schrāzn**, anstrengende Kinderschar, auch **Bāmbsn, Fratzn**, verzeihen.

des Gloane in dā Wiang = *Baby in der Wiege*
Flāschāl = *Flasche*
Didsl = *Schnuller*
Hāfāl = *der Topf*

Liegen sie dem Vater mit einer dringenden Bitte stundenlang in den Ohren, endet es z.B. damit, dass er **grond**, knurrt:

Mei, vo mia-r-āus, deadds wåss woidds und laßds mia mein Griawign!
Tut von mir aus, was ihr wollt, und lasst mir meinen Frieden!

dā Lausbua, s Lausmāāl
Bezeichnung für Kinder mit völlig normalem Experimentier- und Spieltrieb, die nur **āggrādd**, genau das tun, was ihre Eltern im selben Alter auch getan haben (*siehe L. Thomas Lausbubengeschichten*).

dTānt	Tante	**dā Onke**	Onkel
dā Väddā, Kusār	Cousin	**s Bāsl, kKusine**	Cousine
dā Göd	Taufpate	**gGodin**	Taufpatin

bBlåsn
wofür man heute offenbar nur die Bezeichnung „Gang“ kennt; Häuflein Gleichaltriger und -gesinnter, bereit zu jedem, mitunter auch recht derben Scherz

d Spezln	Kumpel, Mitglieder aus der **Blåsn**
s Gspusi	mehr oder weniger feste Freundin
dā Schmusā	Heiratsvermittler

Dāhoam iss am ållāscheenān

Zu Hause sein

War der Bajuware früher sehr seinem angestammten Boden verhaftet, so hat er heutzutage den Genuss des **Wohifahrn**, Verreisen, für sich entdeckt. Mag sein, dass ihn dabei sein Un- oder Unterbewusstes leitet, wegzufahren, nur um hinterher um so mehr in den Genuss des **Dāhoamsei**, Daheimseins, zu gelangen. Denn:

Schee iss andāswo zwar āā,
awā dāhoam iss am ållāscheenān.
Schön ist es zwar anderswo auch,
aber zuhause ist es am Allerschönsten.

Nebenbei bemerkt: den eigentlich korrekten bayrischen Superlativ (höchste Steigerungsstufe) bildet man nicht mit am ...sten, sondern aus der ersten Steigerungsstufe mit am **ållā...**, eben z.B. am **ållāscheenān**.

s Haus	Haus
gKammā	(Schlaf-)Zimmer
dā Hof	Bauernhof
d Stum	Wohnzimmer, gute Stube
s Stianghaus	Treppenhaus
dā Gang/bFläz	Korridor, Hausflur
d Stiang	Treppe
gGred	Platz vorm Bauernhaus
dā Speichā	Speicher, Boden
dā Schiaß	Giebel
dā Källā	Keller
dā Dåchdrāpf	Regenrinne
gKuchl	Küche
dā Kamin	Schornstein
d Speis	Speisekammer

ān Schiaß åweißn
den Giebel tünchen, sprich jemanden die Leviten lesen
sGred
was zwei benachbarte Bäuerinnen auf der **Gred** über andere Bäuerinnen austauschen

Gred = Gerede

gKua, gKia	Kuh, Kühe
d Hen	Henne
s Keiwāl	Kalb
dā Goggl	Gockelhahn
dā Stiā	Stier
d Halen/bBiwāl	Küken

dā Ox	Ochse
d Ānddn	Ente
d Sau/d Sei	Schwein(e)
s Bfeadl	Pferd
Suckāl	Ferkel
d Imbb	Biene
s Schåf	Schaf
d Loas	Mutterschwein
s Bädzāl	Lamm
de Fācken	Ferkel

Buchstäblich ein sehr weites Feld ist s Viech ām Hof. *Da gibt es eine Fülle von regional unterschiedlichen Ausdrüken, die sich teilweise sogar widersprechen. So ist in Südbayern* dā Ox *ein kastriertes Rind, und* dā Stia *das männliche Zuchtrind. Im nördlichen Oberbayern sagt man dazu* Bummāl, *während dort* dā Stia *das kastrierte Gegenstück ist.*

Und dā Floh und de Fliang,
de sān so schwār zum Griang!
Häd dā Floh bFlügl vo dā Fliang,
wārā no schwārā zum Griang!
(*bekanntes* Schnadahüpfl)

„Sehr“ gibt’s ned

... wie man auf Bairisch besonders betont ...

Das Wörtchen „sehr“ hat im Bairischen keine rechte Heimat gefunden. Zu stark ist die Konkurrenz der anderen, kräftigeren, farbigeren Wörter:

rächd:
Dāßd fei nua rächd fleißig leanā duasd!
Dass du nur ja recht fleißig lernst!

hibsch:
Des is ā hibsch bläde Gschicht!
Das ist eine ziemlich blöde Geschichte!

schee:
De Subbm is awā schee vāsåizn.
Diese Suppe ist aber sehr versalzen.

sauwā:
Den håms sauwā neilassn.
Den haben sie mächtig beansprucht.
(z.B. Arbeit, Prügelei ...)

fesd:
Heid iss fei fesd hoaß draußn.
Heute ist es sehr heiß draußen.

nārisch:
Des war ā nārisch schwāre Glausuā.
Das war eine verdammt schwere Klausur.

sāggrisch:
Sowås regdme sāggrisch auf!
Sowas regt mich sehr auf!.

Dann gibt es natürlich noch feststehende Ausdrücke wie:

bfenningguad	pfenniggut, sehr gut
steanvoidreg	*(stern-voll-Dreck)* total beschmutzt
sirrād hoaß	siedend heiß
steawādsgrang	sterbenskrank

„zentguad“ *oder gar* „sssentguad“ *gibt’s wirklich nicht!*

Hauptwörter rückt man am liebsten mit den Silben **Mords-**, **Bluads-** oder **Scheis-** ins Überdimensionale, Abfällige oder Monströse. Jede beliebige Kombination ist dabei aber nicht möglich.

Des is ā Mordsaufgab, wåssdā då naufdruggd ham.
Das ist eine Mordsaufgabe, die man dir da aufgeladen hat.

Bluadsleanārei ān ganzn Dåg!
Stoßseufzer eines kurz vor der Abschlussprüfung Stehenden!

I kenn me mid dem Scheis-Computer ned aus!
(... bedarf wohl keiner weiteren Erklärungen)

Ein **Blādschāre** oder gar **Mordsblādschāre** ist etwas unangenehm oder übermäßig Großes, von **Wimmāl** (Pickeln), Insekten und dergleichen. **Brāgge** wird ähnlich verwendet.

I håb ā Blådān am Fuaß, awā-r-ān soichnā Blādschāre scho!
Ich habe mir eine Blase gelaufen, und zwar eine ganz gewaltige!

Dāß ā so ā Brāgge Mannsbuid deszweng umfåid?
Dass so ein gestandenes Mannsbild deswegen umkippt?

Verächtlich verkleinernd wirkt bāmbbāl

Des is ja bāmbbāloafach!
Das ist ja kinderleicht!

gscheid und bläd

Dies sind zwei sehr universell verwendbare Wörter. Man könnte fast sagen, **gscheid** bedeute alles Gute und Richtige, **bläd** alles Falsche.

Ā gscheidā Bua, ā gscheids Māāl.
Ein kluger Junge, ein intelligentes Mädchen.

I brauch jädz wås Gscheids zum essn.
Ich brauche jetzt was Vernünftiges zu essen.

De brauchād bloß āmåi ā gscheide Wādschn mid iarā Spinnārei.
Mit einer tüchtigen Ohrfeige würden ihr die Flausen schon vergehen.

Duas håid gscheid hi då!
Halte/stelle/lege... es doch richtig daran!

Då soisd na gscheid arwān kennā-r-ā so.
Unter solchen Umständen soll man dann vernünftig arbeiten können

Bläd ist, ins Gegenteil verkehrt, genauso anwendbar.

Ā blädā Bua, ā bläds Māāl.
Ein dummer Junge, ein dummes Mädchen.

Des is ā bläde Gschichd.
Das ist eine blöde Geschichte.

Iagendwann gähd dā de håibschārige Sach āmåi bläd naus.
Irgendwann landest du mit der zweifelhaften Sache auf der Schnauze.

Håidd des ned so bläd hi då!
Halte das doch nicht so ungeschickt hin da.

Wardd āmåi, i håbs bläd.
Warte einmal, ich habe es nicht richtig im Griff. *(z.B. beim Möbeltragen)*

gspinnād:
Jemand mit krausen Ideen wie gewissem innovatorisch-politischem Gedankengut ebensolcher Parteien, von denen nicht sicher ist, ob sie in Altbayern hätten entstehen können.

voglwuid:
Wenns wo **voglwuid aufgähd**, herrscht da eine tolle, ausgelassene, wilde Stimmung.

brunzdumm:
recht **bläd**

dåiggād, dāmmisch, däbbād:
dumm, dämlich, tolpatschig; Wenn einer sich bei Tätigkeiten **dåiggād** oder **dāmmisch gstäid**, sich ungeschickt anstellt, weil er **zwoa dengge Hen**, zwei linke Hände hat, soll er sich **hoamgeign lassn**, sich heimgeigen lassen.

greislig, greislād:
alles, was hässlich sein kann: Gesicht, Geschmack, Gewitter ...

schiach:
hässlich, irgendwie ungut, verdächtig

siach, letz:
krank (wie engl. „sick“), schlecht, schlimm *(vgl. ver-letz-en)*

gspāssig:
eigentlich genau das Gegenteil, nämlich ärgerlich, lästig usw. Alles, was irgendwie **ā Gschiß macht**, Ärger bereitet.

gschead:
„Geschert" ist zum einen „gemein, bösartig". **Ā so ā gscheade Sau, ā so ā gscheade** sagt man zu einem, der etwas wirklich Gemeines, Unverzeihliches getan hat. Zum anderen bezeichnet es Dinge und Sachverhalte, die eine extreme Eigenschaft aufweisen, die allerdings nicht immer schlecht sein muss:

A gscheāde Sprach
ist derbes, **grachāds**, krachledernes, Bairisch.

A gscheade oder **gāche Reim**
ist eine besonders gefährliche Kurve.

„Mei, då war håid ā so ā gscheadā Wind!", war 1984 die Antwort eines surfbegeisterten Mitschülers des Autors auf die Frage des Lehrers, warum er seine Englischhausaufgabe nicht gemacht habe.

gfāid
am ehesten mit originell zu übersetzen, ebenfalls im guten oder weniger guten Sinne

gwāndd
„Des wār gwāndd!" bedeutet „Das wäre echt gut, vorteilhaft, super!"

bfundig
sehr gut, toll, klasse, ausgezeichnet

Biddsche, wås deafsn sei?

Einkaufen

Einkaufen ist heutzutage in Bayern ebensowenig schwierig wie anderswo. Einfach deswegen, weil die zwischen Kiel und Konstanz überall gleichaussehenden, individualitätslosen Super- und Großmärkte mittlerweile in fast jedem vergessenen Weiler anzutreffen sind. Hie und da aber findet man noch ein sich hartnäckig behauptendes **Kramālādl**, wo es neben Atmosphäre, einem **Rādsch** auch noch so manches zu kaufen gibt, zugegeben etwas teurer als im MINUS oder MAXIMAL nebenan. Mit folgenden Wendungen und Wörtern kann man man sich aber in solchen Reservaten altbayrischer Lebensart besser zurechtfinden.

Tante-Emma-Laden
Klönschnack

Biddsche, wås deafsn sei?
Bitteschön, was darfs denn sein?

I hädd gean ā Bfund Kadoffen.
Ich hätte gerne ein Pfund Kartoffeln.

Woiche woinSn då? De fesdn odā bißl woachāre?
Welche wollen Sie da? Festkochende oder weichere?

De fesdn hädd i gean ghabd.
Die festen, bitte.

Deafs ā wengāl mearā sei?
Darfs ein bisschen mehr sein?

Āja freile.
Natürlich.

HåmS sunsd no ān Wunsch?
Darf es noch etwas sein?

Nā, dangsche, des wārs.
Nein danke, das wärs.

Dann machāds drei Eiro grådaus.
Genau drei Euro, bitte.

Einige Mengenangaben:

ā Stiggl	ein Stück
ā Düdāl	ein Tütchen
ā Beidl	ein Beutel
ā Bāggāl	ein Päckchen
ā Drāgl	ein Träger
ā Drumm	ein größeres Stück
dā Mäddā	der Meter
dā Liddā	der Liter
dā Zānddemäddā	der Zentimeter
ā båår/Båår	ein paar/Paar

Die bevorzugte Gewichtseinheit im kleineren Bereich ist Bfund: ā håibs Bfund, oa Bfund, zwoa, drei Bfund. *Darüber hinaus wird Kilo und seltener Gramm verwendet.*

Bei uns gibds bloß Semmen

Sozusagen als Brücke zwischen dem vorausgegangenen Einkaufskapitel und dem folgenden gastronomischen Abschnitt hier ein paar Bemerkungen zu Lebensmittelbezeichnungen, die vom Schriftdeutschen abweichen.

Zuallererst: die Semmel war, ist und bleibt bei uns **ā Semme** in all ihren Variationen hinsichtlich Einschnitt und Aufgestreutem:

einfacher Einschnitt	**Oawegg, Oaweggāl**
kreuzförmiger Einschnitt	**Semme**
sternförmiger Einschnitt	**Kaisāsemme**
mit Mohn	**Mohnsemme/ Mohnweggāl**
mit Salz	**Såizsemme**
mit Kümmel	**Kümmesemme**
dunkel, mit Kümmel	**Maurāloawe**
längliche Semmel	**Rāschbāl**
das weiche Semmelinnere	**bMoin**

Daneben gibt es noch:

langes helles ee

bBreezn	Brezel
sBreznstāngāl	Brezel- oder Laugenstange
s *__Hāggāl__	Laugenhörnchen
s Såizstāngāl	Salzstange
s Kāāsstāngāl	Käsestange
Weggāl, **Bfundweggāl**	kleines. längliches Brot von 500 g

Wuaschd = *Wurst*
ān Kāās = *Käse*

Den Brotanschnitt nennt man **s Scheazl**, und auf dem Brot hat man einen(!) Butter, **ā Wuaschd** oder **ān Kāās**.

Wenn einer **gschläggād** ist, so hat er entweder ein erhöhtes Bedürfnis nach Süßem oder insgesamt einen extravaganten Geschmack.

bBläddzāl Kekse	

bBläddzāl
Kekse

dā Dādsche:
Zwedschgndādsche, Abbfedādsche
als Zwetschgendatschi oder Pflaumenkuchen bekannt

dā Grabbfm
Für alle Deutschen schwierig in einem Wort zu sagen. Ist das runde Ding mit Puderzucker drauf und Marmelade drin, die beim Reinbeißen auf der mundabgewandten Seite herausquillt. Heißt in Berlin Pfannekuchen. Der bayrische **Bfanākuachā** ist jedoch die in der Pfanne gebratene Teigscheibe, die andernorts wohl Eierkuchen heißt.

s Kiache
meist in Fett oder Schmalz schwimmend herausgebackenes mit oder ohne Obst darin

ā Mäispeis zum Umhengā
eine Mehlspeise zum Umhängen – passende Antwort auf dumme Fragen, z.B. **Wås gibdsn heid guads?**

d Nudl/Nuul
sind ursprünglich keine Nudeln wie Makkaroni, sondern verschiedene Arten von Hefegebäck, z.B. Dampf- oder Rohrnudeln. Aus Kartoffelteig werden **Schupfnudl** oder **Fingānudl** gemacht.

dā Zobf
Hefezopf
Wenn man sagt: **des håd koan Zobf**, meint man, etwas hat keinen Sinn.

dā Bädāsui	Petersilie
dā Kadoffe	der(!) Kartoffel
s Beal	Beere
dā Koirāwe	Kohlrabi
bBlaubean	Heidelbeere
d Orāschn	Orange
s Blaugraud	Rotkohl
dā Paradeisā	Tomate
dā Borrää	Lauch, Porree
dā Rābāwā	Rhabarber
d Eabbea	Erdbeere
dā Rāde	Radi/Rettich
dā Eadabbfe	Kartoffel
s Rähāl	Pfifferling
gGäiweruam	Karotten
s Rāsse Nāgāl	Nelke
gGlädzn	Dörrbirnen
s Ringlo	rote „Pflaume“
s Gmias	Gemüse
d rode Rannā	Rote Beete
s Graud	Kohl
dā Schwāmmāl	Pilz
s Grāwiddbeal	Wacholder
d Soachruam	Kohlrübe
dā Grēē	Meerrettich
s Weimbeal	Rosine
s Griachāl	gelbe „Pflaume“
d Zwedschgn	Pflaume
d Hanisbean	Johannisbeeren

Übrigens: **s Graud ausgschidd**, das Kraut ausgeschüttet, hat man jemandem, den man stark verärgert hat

Der Radi, den der Großknecht hat
Mit frecher Hand gebrochen,
Er ward in einer Viertelstund
Schon fürchterlich gerochen.
(*Carl Spitzweg „Der Radi und die gelbe Rubm"*)

Sonstige wichtige Lebensmittel mit abweichenden Bezeichnungen:

s Beischāl	saure Lunge
dā Lewākāās	Fleischkäse
dā Bigoggl	Pute
s Māmmālāād	Marmelade, Konfitüre
bBlunzn	dicke Blutwurst
s Mongdrādzāl	kleine Vorspeise
s Boandl	Knochen
s Muasāl	Brei
dā Brässåg	Presssack
bMuich/Mille	Milch
s Dällāfleisch	Rindfleisch
s Oar	Ei
dā Dobbfm	Quark
dā Obādzde	pikanter Frischkäse
d Eibrenn	Mehlschwitze
s Oxnaug	Spiegelei
s Fleischbflānzl	Frikadelle
dā Rāām	Schlagsahne
dā Geam	Hefe
dā Schlegl	Keule
dā Gnedl/Gneel	Knödel, Kloß
dā Schogglādd	(der!) Schokolade
dā Goggl	Brathuhn
d Schweinshāxl	Eisbein

Biddsche, wås deafsn sei?

Senf heißt auch
*Hämbfd

s Gräs(ch)dl	Röstkartoffeln
dā Sembfd	Senf
s Graudwiggāl	Kohlroulade
s Spōōfāggl	Spanferkel
s Greichāde	Geräuchertes
dā Stäggālfisch	Bratfisch
s Gsäichde	Geräuchertes
s Suafleisch	Pökelfleisch
Gschwoine	Wollwürste
s Subbmfleisch	gekochtes Rindfleisch
d Häpfā	Hefe
s Suiz	Aspik
s Hendl	Hähnchen
s Wāmmāl	Schweinebauch

Ja und dā Lewāgnedl und dā Semmegnedl,
de zwoa håm se nimmā rächd vādrång,
jädz håd dā Lewāgnedl ān Semmegnedl
aus dā Subbmschissl aussegschlågn.
Boarischs Schnådāhüpfl

Laßdsās eich schmeggā

Essen & Trinken

Essen und Trinken hält Leib und Seele zusammen, nur dass Durst noch schlimmer ist als Heimweh. Und in netter Gesellschaft schmeckts nochmal so gut: das ist die philosophische Grundlage dafür, dass in Bayern jene Biergartenkultur entstand, die auch viele von jenseits des **Weißwurschtäquators** anzieht.

Dass das Essen nur Unterlage oder Ausrede fürs Trinken ist, **des glābsd säiwā ned**, glaubst du selbst nicht. Vielmehr ist es so, dass wir eine ganze Reihe von **Schmānggāln** haben, die **oan so oweichā**, einen so Appetit machen, dass man schier **āufs Dringgā vāgessn kāndd**. Bloß, **då gfreid di**, freut dich, der schönste **Wurschdsålåd** nicht mehr, **wenns schmeggd wia eigschlaffāne Fiaß**. Oder wenn die **Kääsbreggen**, Käsebröckchen, **drin grāwed**, schimmlig, sind. So etwas **schwoabd mā**, spült man, am besten mit einem **Stāmbbāl**, Gläschen, Schnaps hinunter ...

Schmānggāln = *Köstlichkeiten*

āufs Dringgā vāgessn = *das Trinken vergessen*

Übrigens: grāwen *können nicht nur Lebensmittel (d.h. sie werden* grāb *= schimmlig), sondern auch Kinder, Käfer u. dgl., dann bedeutet es allerdings krabbeln.*

Zum Essen braucht man: **ās Dällā**, das(!) Teller, **ā Messā**, **ā Gāwāl** oder **Gåwe** und **ān Leffe**. Unter **Gåwe** versteht man manchenorts allerdings auch noch die Mistgabel, also **Obacht** im Lokal. Statt einem Teller ist auch der Gebrauch des **Brodzeitbreel**, Brotzeitbretts, verbreitet. Ganz ohne Metall schließlich rückt man **dā Weißwuaschd** zu Leibe:

korrekt wird sie mit unbeschädigter Haut **auszuzld**, ausge... tja, wie soll man's nennen: ausgesaugt, ausgesogen, ausge-zuzelt?, dazu **ān siaßn Sembfd**, **ā Brezn** und **ā Bia**. Nicht vergessen: die Weißwurst darf das **Zwoifeleiddn**, Zwölfuhrläuten, nicht hören!

Ist alles vorhanden, dann braucht man bloß zu wünschen: **Ān Guadn. Glangds zua, Leid, und laßdsās eich schmeggā.** Zum Nachholen fordert man auf: **Mågsd no wås?** Falls nicht, wird geantwortet: **Nāā, i lang** oder **mia langds**, mir reichts. Mit bitte und danke hält man sich da nicht unbedingt immer auf. Dennoch gibt es auch in Bayern Tischsitten: **neihaun** ist durchaus gern gesehen, aber es sollte nicht ins **neigauffān** ausarten. Das ist kein **Gheatse**, Anstand. Passt man nicht auf, kann man sich dabei leicht **odrenzn**, vollkleckern. Schließlich, über Not essen soll keiner, man kann die Reste wie früher doch auch im **Bschoaddiache**, Bescheidtüchlein, mit nach Hause nehmen, oder?

neihaun = *mit Appetit essen*

neigauffān = *schlingen*

Grundbegriffe der Wirtschaftslehre

s Quārddl
gibt es kaum mehr, es war eine halbe Halbe

d Håiwe
eine Halbe Bier, also bis zu 500 ml

bMaß
erreicht sogar bis zu 1000 ml Bier am Stück, je nachdem, wer einschenkt

dā Foam
ist der (hoffentlich nie genetisch-dauerhaltbare) Bierschaum

dā Maßgruag
dient bei Auseinandersetzungen z.B. auf dem Oktoberfest zuweilen als letztes Argument, auf das man es nicht ankommen lassen sollte – auch beliebtes Bayernsouvenir

kKäinarin
hört meist auf den Namen Zenz, läuft im Dirndl herum und erst mit einer Blüte von ca. 16 vollen **Maßgriagl** vor ihrer Oberweite ihrerseits zur vollen Form auf

d Rālāmaß
mit 500 ml Limo versuchsweise neutralisiertes Bier

s Gwāsch
alles was flüssig ist und fad schmeckt

s Noagāl
Bierlache am Boden des Maßkrugs, die meist **lāgg**, also abgestanden schmeckt

dā Noagālzuzlā
Art Aasgeier, von Bank zu Bank springend, in ganz spezieller ökologischer Nische

kKäinarin *ist eine Respektsperson, weil sie wirklich den vollen Respekt verdient, wie sie bisweilen ihre Arbeit durchsteht.*

Den Noagālzuzlā *stört der* lägge Gschmagg *nicht.*

Fortgeschrittene Wirtschaftslehre

dā Rausch:
Sammelbezeichnung für eine ganze Reihe höherer und außergewöhnlicher, offensichtlich daher erstrebenswerter Bewusstseinszustände, **bsuffā sei**, als da sind:

s Schwibbsāl
noch nicht der Rede wert

dā Dampf/Aff
hier trübt sich bereits der äußere Blick zugunsten des inneren, was sich in verstärkter Phantasie und überraschenden Erkenntnissen niederschlägt, die durch ihre Neuartigkeit eine erhöhte Mitteilungsbedürftigkeit nach sich ziehen

dā Deife
man beginnt mit fremden Zungen zu reden, weil man mit der eigenen nicht mehr zurecht kommt

dā Hagl/Niggl
man sieht ein, dass die Erkenntnisse nicht mehr mitteilbar sind, außerdem naht die meditativ-kontemplative Phase

Fäddzn
hierbei schwebt der Geist nun in bereits recht entfernten Sphären, deshalb beginnt der Körper ein Eigenleben, dessen Resultate seinen aus dem **Sure** erwachenden Besitzer später nicht selten in gehöriges Erstaunen setzen – sofern er vor lauter **Schädlwäh** und **Speiwārei**, also Kopfweh und Kotzen (K. u. K.), über-

haupt noch Zeit zum Staunen hat. Wenn er beispielsweise **streggdālengs**, der Länge nach, im Straßengraben liegt, auf einer **Holzpritschen** eine nackte Glühbirne anstarrt, oder in nie zuvor gesehenen Betten aufwacht

Standgās
hat einer, der sich wieder in meditative Stimmung bringt, ohne die Folgen der letzten ganz verdaut zu haben

Dringmā-r-uns zamm *ist übrigens keinesfalls als Aufforderung zum Tod durch Promille, sondern vielmehr zum Aufbruch zu verstehen, während hingegen* zammgsuffā *oder* blädgsuffā *die Kehrseite allzu ausgiebigen Alkoholkonsums bezeichnet.*

Wo viele beinander sind, **da gähds luschdi hea**, gehts lustig zu. Ob es **dāhoam** ist, auf **ām Hoagaschd**, Besuch, im Biergarten, in einer **Boazn**, Kneipe, auf einer **Duid**, Jahrmarkt, oder auf der **Wiesn**: **Ā Gaude muaß sei** – Spaß muss sein. Wenn möglich, sogar **ā Bfundsgaude, ā Mordsgaude** oder **ā Fäddzngaude**.

Zu einer **Rāmā-suare**, Feierlichkeit, Lustbarkeit, ist der Bayer eigentlich immer gerne bereit, die Geschmäcker sind dabei so zahlreich und verschieden wie die Einwohner Bavarias selbst. Wo der eine jodelt vor Vergnügen, da **hebds den andān**, kommt ihm das Kotzen.

Wer dafür schwärmt, in Legionen Maßkrüge zu stemmen, Lieder mit einprägsamen Texten zu schmettern und Bruderküsse mit Japanern auszutauschen, der ist auf der Münchner Wiesn sicher gut aufgehoben. Ein bisschen muss man da aufpassen **zwengs de Schlāwinā, de oam leichd wås grāmbfen odā dāchln**, wegen der Spitzbuben, die einen beklauen. Wer es noch folkloristischer mag, geht auf einen der zahlreichen Trachtenumzüge,

die im Sommer zwischen Aschaffenburg und Passau stattfinden.

Besonderen Spaß macht es dem Bajuwaren, andere zu **drādzn**, necken. Oft geschieht das in **Gstānzln**, gesungenen Spottversen, die zu einer einfachen Melodie mit Zwischenspiel vorgetragen werden. Meist beginnt einer, z.B. auf der **Kirddā**, Kirchweih, oder abends in einer Hütte, einen anderen mit einem spontan gedichteten **Gstanzl naufzumschiaßn**, auf den Arm zu nehmen, der andere muss dann möglichst schlagfertig zurückdichten. Bekannt ist auch das **Politiker-Dābläggā**, Politiker-Verspotten, auf dem **Nockherberg** zur fünften Jahreszeit, der Starkbierzeit. Je „übler" eine Partei dabei wegkommt, umso größer die Ehre derselben. Versteh' einer die Bayern!

Früher gabs noch den Brauch des **Huadsingā**, Hutsingens, ebenfalls eine beliebte Form der Abendunterhaltung. Zu einem vorgegebenen Wort musste dabei einer aus dem

Stegreif **Schnådā-hüpfln**, gesungene Vierzeiler, erfinden, bis eine kleine Kerze herabgebrannt war. Dabei musste das vorgegebene Wort möglichst oft erscheinen. Wem dies am häufigsten gelang, bekam als Preis einen – Hut. Soviel zum Thema bayrische Denkträgheit und Maulfaulheit.

Wörter mit ām greislichn Nåchgschmack

Typisch unbairisch!

Es gibt einfach eine ganze Reihe Wörter, die schriftsprachlich noch so schön und korrekt sein mögen. Wir Bayrischen verstehen sie da ja auch - nur, in den Mund nehmen wir sie nicht, weil sie sich halt **ums vāreggā ned**, beim besten Willen nicht, ins Bairische einfügen.

Bein	**Fuaß**
Bonbon	**Guadl, Gutti**
Brö...	**Semme**
Gardine	**Voahang**
gehorchen	**foing**
Groschen	**Zehnāl**
gucken/kucken	**schaung**
Gülle	**Odl**
Harke	**Rächā**
hochgehen	**naufgeh**
jucken	**beißn, gidzln**
Junge	**Bua**

Ein paar sind ja schon in den vorausgegangenen Kapiteln aufgetaucht, ein paar weitere Beispiele führe ich hier noch an, aber ohne irgendwelche Systematik oder Absicht auf Vollständigkeit.

Kirmes	**Kiaddā**
Klebstoff	**Babb**
Kloß	**Gnedl**
Knochen	**Boa**
Krümel	**Bräsāl**
Küken	**Biwāl**
lutschen	**schläggā**
Pelle	**Schåin, Schäifān**
Pfifferling	**Rähāl**
Pickel	**Wimmāl, Oassāl**
pissen	**biesln, soachā**
puhlen	**boan**
Rülpser	**Koppārā**
Schippe	**Schaufe**
Sonnabend	**Samsdåg**
Tsch...	**Bfiadde** usw.
Vati	**Bābb**
Weihnachtsmann	**Griskindl**
Ziege	**Goaß**

Bestandteile des Bayern

Körperliches

Um Bairisch verstehen zu können, muss man üben. Dies geht am besten mit einem Bayern. Falls aus Mangel an Masse ein solcher nicht zur Hand sein sollte, können Sie sich jetzt einen bauen. Welche Teile Sie dazu brauchen, und wie Sie sie zusammensetzen müssen, erläutert die folgende Abbildung:

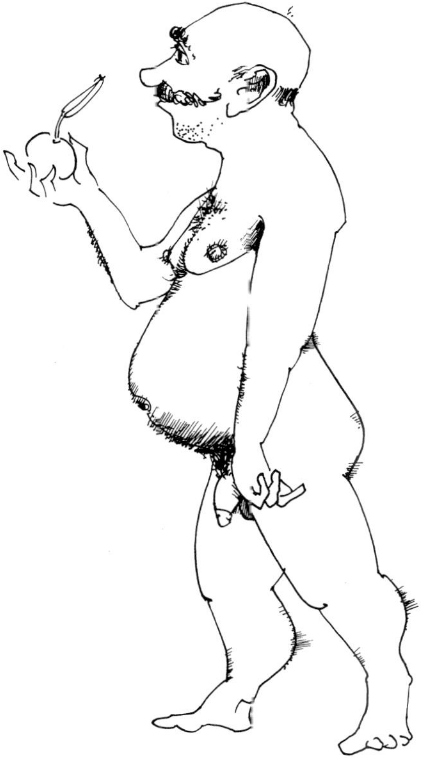

Es gibt natürlich jede Menge Möglichkeiten, ein wenig vorteilhaftes Aussehen zu beschreiben. Wenige Beispiele mögen genügen

Scheim wia-r-ā Breiroß
Scheibe wie ein Brauereiross
mächtiger Hintern

De kon ā im Steh schlaffā.
Die kann auch im Stehen schlafen.
(... wenn sie nämlich ihre spitze Nase in einen Baum rammt.)

Dea håd ā Figua wia-r-ā voigschissāna Strumpf. (Alles klar?)

Dāfüa schaugd ea-r-aus wia-r-ā Såg voi Hiaschgwoa.
Dafür sieht er aus wie ein Sack Hirschgeweih.
(also knochig-dürr)

Du mid deim Blåsenglgsichd!
Du mit deinem Blasengelgesicht (*Pausbacken*)!

Um dem Eindruck entgegenzutreten, es gäbe im Bairischen nur abwertende Ausdrücke, sollen hier auch ein paar positive, bewundernde zur Sprache kommen:

Sauwā kann man von Ding und Mensch sagen: etwas ist eine **sauwāne Arwād**, eine saubere, ordentliche Arbeit, oder **ā sauwānā Buasch** oder **ā sauwāns Deandl**. Da meint man ganz allgemein, **då fāid se nixn**, es fehlt nichts daran. Noch stärker betont wird **sauwā** durch **blidz-**: **De håd ā blidzsauwāne Stimm!**

Werden aus Kindern Leute, und noch ansehnliche dazu, kann man dies feststellen mit:

Eana Deandl håd se awā sauwā rausgwachsn!
Ihre Tochter hat sich aber sauber herausgewachsen! (*ist prächtig gediehen*)

Wenn eine **ās Grieß håd**, meint man, dass sich die **Mannerleid** um sie reißen. Eine solche **is ned unebm**, nicht uneben, **is ned ohne, is bearig**, bärig, oder **siechd wås gleich**, sieht was gleich. Auch für Dinge oder Ideen z.B. kann man diese Ausdrücke verwenden:

Mei, des is fei ā bearige Idää!
Du, das ist eine bärige (= tolle) Idee!

Der bstähd bei iara, er besteht bei ihr, kann bedeuten, dass einer eine Prüfung z.B. in der Schule besteht, aber auch eine Prüfung persönlicherer Art: man findet sich sympathisch, oder auch mehr ...

Zwischen guten Freunden wird das eher etwas derber ausgedrückt. Da kann man einen durchaus **ān vāreggdn** Hund, **ān ganz ān vāreggdn** nennen und dies ist dann – man möge es mir glauben – ein wirklich hoher Grad von Anerkennung und Bewunderung. Das sagt man nur zu jemand, der **sei Gåid weadd is**, sein Geld wert ist.

Anstatt zu einem Auto, einem Haus oder einer Urlaubslandschaft zu sagen: **des gfåid mā**, das gefällt mir, geht auch **des daugd mā**, *das taugt mir*. Beliebt ist die begeisterte Versicherung **då sågsd Sie dazua**, da sagst du Sie dazu! Die gilt besonders tollen Dingen, die man **lobd iwān Schäinkini**, lobt über den Schellenkönig = eine Karte im bayrischen Kartenblatt.

Jetz' gehst aber sofort mit mir, hast g'hört, du Gmoastier, du g'schrubbter! *in Verbindung mit einem kräftigen Schlag auf den* Buggl, *Rücken, ist beileibe keine drakonische Erziehungsmaßnahme, sondern eine literarisch verewigte Begrüßungsszene zweier guter Freunde. Nachzulesen bei Wugg Retzers „Stier von Poking".*

Hāggen schneibds

Vom Wetter

Dass dies so stimmt, konnte der Autor am eigenen Leib erfahren. In der dritten Woche seines langjährigen Aufenthaltes an der Förde gab es einst einen solchen Tag voll Schädelgesumm und Missgeschick. Selbst der Himmel war – weißblau und strahlend, wie sonst nur dāhoam. *Einen Reim konnte er sich nicht darauf machen, fast 1000 km von der Alpenfront entfernt. Bis er abends, entnervt, im Fernsehen im Wetterbericht den Ausführungen über einen „besonders ausgeprägten Föhn vom norwegischen Hochgebirge her" lauschte …*

Das Wetter ist wichtig. Nicht nur heute noch für die Bauersleut zum **Heingā**, Heumachen, zum Wandern im Gebirg oder für einen lauschigen Abend im Biergarten, sondern: gäbs kein Wetter, gäbs keinen Föhn. Und was wäre München, ja das ganze Voralpenland ohne den Föhn?

Der Föhn sorgt dafür, dass die Alpen um fünfzig Kilometer weiter nach Norden rutschen. Der Himmel ist dann so weißblau wie sonst nie, der Schädel surrt schon beim Aufstehen in der Früh und mancher merkt: **Dea Dåg fangd ja scho guad o!**, Der Tag fängt ja schon gut an. Man darf sicher sein, dass heut alles misslingt: Kaffeemaschine geht in Feuer und Flamme auf, fünf Rechnungen und drei Mahnungen in der Post, ein denkbar ungünstiges Horoskop, die Rechenmaschine am Arbeitsplatz, in die man vier DIN A4 Seiten voll Zahlen eingetippt hat, entpuppt sich bei näherem Hinsehen als Tastentelefon. Nur gut, dass das Auto in der Früh nicht ansprang, wer weiß, wohin es sonst mit einem gefahren wäre. Obwohl, obwohl, obwohl: **åiss ned so drāgisch** - nicht so schlimm! Man hat ja eine Entschuldigung. Es war ja Föhn. Der ist an allem schuld!

Im **Winddā**, Winter, da **gfriads und schneibds**, frierts und schneits, und **saukåid**, saukalt ists auch. **Leichd hoid mā si då ān Kātārrh**, Schnupfen. Bloß schön, dass man da zum **Schliinfahrn**, Rodeln, **Schliddschuahfahn**, Schlittschuhlaufen, oder zum **Schifahn** gehen kann. **Båis Eis am Weiā dick *gmua is**, Wenn das Eis auf dem Weiher dick genug ist, fängt das **Eisstockschiaßn** an. Da versuchen **Moarschafdn**, Mannschaften, mit dem Eisstock die **Daum** zu treffen. **Dāwei dean si de Kindā im Schnää spuin und wåigln**, spielen und wälzen die Kinder sich im Schnee. Zum **Fruahjåhr**, Frühling, **weads apā**, wird es schneefrei, **bBleamen**, die Blumen, kommen und oft **håds an rächdn Schniālreng**, regnet es ohne Punkt und Komma. Das nennt man dann **ā Sauwedā, ā misdigs**. Richtig schlimmes Wetter ist, wenns **Hāggen schneibd**, Beile schneit. Auch wenns schon ziemlich warm geworden ist, vor Kälteeinbrüchen ist man nie sicher. Die bringen die drei **Eisheilinga, dā Pānkrāz, dā Servāz, dā Bonifāz und de kåide Soffe**. Später im Juni gibt es dann noch mal die **Schåfskäiddn**, Schafskälte. Im **Summa**, Sommer, kann man, wenns **hoaß**, heiß, ist, zum **Båån geh**, Schwimmen gehen. Da können die Kleinen nach Herzenslust **bridschln**, wasserpanschen. Ist das Wetter recht **druggād**, drückend heiß, dann **dādengln oan bBremān und dSchnaggn**, d.h. die Bremsen und Mücken **stechan oan rächd hea**, zerstechen einen ordentlich. Nichts mehr ist's mit der Erfrischung, wenn selbst der Badesee **bāchālwarm**, warm wie ein Bächlein... (welches wohl?) oder **gar soachwarm**, nun ja...-pisswarm ist. Gegen abend kommt meist **ā Wedā**, ein Gewitter, daher. Bis heute zündet man auf dem Land dann **d Wedākeazn**, die Wetterkerze, an, weil gar zu viele Bauernhöfe und Scheunen vom Blitz getroffen werden oder **ā Schauā**, Hagelschauer, wie der berühmte vom 12. Juli 1984 auf den Feldern **ās Droad**, das Getreide, vernichtet. **D Ārndt**, die Ernte, ist dann **hi**, im Eimer. Die Autos sehen dann so aus, wie das bekannte „Münchner Knäckebrot". Wieder ruhiger wirds im **Heabsd** oder ***Hiagschd**, wenn **bBlāāl åwāfåin**, die Blätter fallen, das Obst **zeide wead**, reif wird, und **åwedriem wead**, das Vieh von den Almen getrieben wird.

Aus dā Boo, Zidronāmoo! Jädz kimmd dā mei!
Jetzt komme ich!
(Rufe von Kindern beim Schlittenfahren)

d Åimā	Alm
s Åimglian	Alpenglühen
aufmachā	aufklaren
dā Bāādz	Morast
s Bāchāl	Bach
dā Beag	Berg
bBluadshitz	starke Hitze
bBrodzeid	Vesper
dā Broodz	Kröte, Protz
gGāms	Gemse
dā Gibbfe	Gipfel
grāxln	klettern

gGwichdl	Geweihe
d Hiddn	Hütte
d Läddn	Morast
d Lādschn	Latsche
d Leiddn	Abhang
dā Schniālreng	unaufhörlicher Regen
dā Senn	Senner, Almhirte
Soachwedā	„Pisswetter“
dā Stoabogg	Steinbock
zuamachā	sich bewölken

Gäh weidā Zeid, bleib steh ...

Tages- & Uhrzeiten

Ein bisschen anders gehen die Uhren in Bayern, das mag zum Teil wohl auch daran liegen, dass es einige eigentümliche Zeitbezeichnungen gibt.

in Nordbayern: viaddl zwäife

heid/*heindd	heute
gesdān/*geschding	gestern
voagesdān/*voanächd	vorgestern
moing	morgen
üwāmoing	übermorgen
heid Fruah	heute Morgen
in dā Fruah	morgens
zmiddågs	mittags
am nåmmiddåg	nachmittags
åmds	abends
auf d Nåchd	abends/nachts
in dā Nåchd	nachts
Kianåchd	stockdunkle Nacht
ummārā äife	um elf
viaddl nåch äife	11.15 Uhr
håiwe zwäife	11.30 Uhr
dreiviaddl zwäife	11.45 Uhr
heiā	dieses Jahr
feādd	vergangenes Jahr
znāchsd	neulich
ā diām/diamåi	manchmal
åiwei, åibod	immer

Oans, zwoa, gsuffā

Zählen

Hier soll nicht bewiesen werden, dass man in Bayern weiter als bis zwei zählen kann, vielmehr soll hier davon die Rede sein, wie das gemacht wird. Da gibt es nämlich ein paar Besonderheiten. Die Zahlen könnten so lauten:

oans, zwoa, drei, viare, fümfe, sechse, sieme, achde, neine, zehne, äife, zwäife, dreizehne... zwanzge, dreißge, viazge... hundad, dausnd, ā Million usw.

In der Form zählt man sie auf, wenn sie alleine für sich stehen. Ein Beispiel aus der Literatur: als der **Boandlkramer** (der Kollege des norddeutschen „Freund Hein") gestehen muss, mit wieviel **Kerschgeist** ihn der „Brandner Kaspar" betrunken gemacht hat, um ihn beim Kartenspiel um 18 Lebensjahre zu besch..., da zählt er sie genau auf diese Weise auf.

Des sān viare in dearā Kisdn, und achde in dearā.
Das sind vier in dieser Kiste, und acht in dieser.

Zusammen mit einem Hauptwort aber fällt das End-**e** weg:

Des sān via Teile in dearā Kisdn, und achd Teile in dearā.

Auf die Frage **Wiavui håsdn?** kann man antworten: **Stuggārā fümfe.** oder **Fümf Stugg.** (Fünf Stück).

Wenn man wissen will, **zu wiaviuddā**, zu wievielt, der Besuch am Abend kommt, kann man hören: **zu driddā, viaddā, siebdā, zehnddā**.

Ja und nicht zu vergessen: die Zahlen sind für den Bayern männlich. In der Schule kriegt **dā gloane** Mkus **ān Dreiā**, und **de gloa** Hedwig **ān Oansā**, einen Dreier und einen Einser.

Aus iss und går iss
und schåd iss, dāßs wåhr is!

Halb- und ganz vergessene Wörter

Der bairische Sprachschatz war früher um einiges reicher an Wörtern und Ausdrücken, die heute nahezu ausgestorben sind. Ein paar interessante Beispiele habe ich aus dem Buch von Sailer, siehe Literaturliste im Anhang, herausgesucht. Ich kann mich nur mehr dunkel an einige von diesen Wörtern erinnern. Um so mehr erstaunte mich, dass welche darunter sind, die isländischen Wörtern ähnlich sind. Das bedeutet, dass sie aus einem uralten, gemeingermanischen Sprachschatz stammen.

aber	erneut, wiederholt *(vgl.: abermals)*
zappen	hieß früher langsam und schleppend gehen!
der Zelt	Passgang des Pferdes
der Gral	Gefäß, Schüssel, Becken
die Fill	Quetschwunde
fegen	Streit suchen
das Bocht	Dreck, Unrat, Kehricht
der Span	Streitfrage
der Bart	Kinn, besonders bei Frauen *(vgl.: jemandem um den Bart streichen)*
der Baug	Spange, Ring
die Blassen/ Blesse	weißer Fleck auf der Pferdestirn
das Daus	2 bei Würfel- oder Kartenspiel

Ei der Daus???

wist	Pferdezuruf
das Füst	rundes Eiende
fludern	rinnen, fließen
galt	nutzlos, überflüssig in übertragenem Sinn: verhext, beim Vieh
die Gaum	Aufsicht, Sorge
halz	lahm, schwach
klieben	spalten
laß	träge
sain	langsam, spät
driallan	geifern, aus dem Munde tropfen lassen
der Umbrell	Regenschirm *(siehe … na, was wohl?)*
der Wal	kein Meeressäuger, sondern: Kampfplatz, Schlachtfeld

Dā ewige Span

Aber und aber fangd sei Nachbar zum Fegen o, åiwei zwengs demsäibm Span: Ob mā näm-le ās Oar am Füst aufschlågd, odā ned. Dāwei is des āso galt, nedwahr. Håd håid dea dåmid gråd ogfangd, wiā-r-ās Daus om gwen is und ea gwunā häd. Ea håd si ā nix gfåin lassn, und is d Streidārei scho losgangā. Gråd driallād hådā voa Zorn. Und grāffd håms und zuag-schlågn midm Umbrell, bis ās Bluad gfludād is. Schliaßle is dā oane im Bochd gflaggd, an Schädl fast globm. Dā andā war ā ganz halz, und is laß vom Wal zappt. Voi Gaum is dā Wirt kemmā mid ām Gral voi Wassā und håd eam sei Fill am Bart ausgwaschn.

Vielleicht macht Ihnen ja die folgende Fleißaufgabe Spaß, nämlich einen Text mit den Asbach-Uralt-bairischen Wörtern zu entziffern ...

Dāsäi-Gschichdn

„Steggāsās bloß ei, dā Moasdā schimbfd mi wiedā rächd, wennās sichd!“, håd dāsäi Frisörlehrling ān Kundn bäddld, wiā-r-ā eām ā Oa åbgschniddn håd.

„Wenigsdns hådā Fuchs ghoaßn!“, håd dāsäi Jāgā gsågd, wiā-r-ā ān Dreiwā dāschossn håd.

„Is ām Schorsch seins ā scho då!“, håd desäi Baiārin gsågd, wiās Zwilling griagd håd.

„Wiā de Zeid vāgähd!“, håd dāsäi in dā Drambahn gsågd, wiā eam dā andā gsågd håd, dāßā scho seid ānārā Viaddlstund auf seim Fuaß stähd.

Literaturhinweise

Über das Bairische gibt es eine ganze Reihe hervorragender Darstellungen, von denen ich einige, wie ich meine, gute herausgreife. Alle die hier genannten sind z.B. in den Münchner Stadtbibliotheken erhältlich.

BAUER, J. M.: **Auf gut bayerisch.** Ehrenwirth, München 1978.
Vorzüglich lesbarer und ausführlicher Rundgang durch altes und neues Bairisch.

BEKH, W. J.: **Richtiges Bayerisch.** Bruckmann, München 1983.
Wohltuend streitbare und sehr gute Darstellung des Bairischen.

HÖFER, J.: **Bairisch gredt.** Point Bücher 1995.
Zusammenfassung der hervorragenden gleichnamigen Serie aus Oberbayrischen Volksblatt/Münchner Merkur.

LACHNER, J. (1930): **999 Worte Bayrisch.** 1988 in der Sammlung Bavarica im Süddeutschen Verlag, München, wiederaufgelegt.
Ein lesenswerter Klassiker!

MERKLE, L.: **Bairische Grammatik.** Hugeldubel, München 1975.
Sehr ausführliche, wissenschaftliche Grammatik.

RINGSEIS, F.: **I schaug mitm Ofarohr ins Gebirg.** Verlagsanstalt Bayerland Dachau 1993.
Echt bairische Redewendungen, witzig präsentiert.

SAILER, K. H.: **Bayrisch-Deutsch. Kleines Wörterbuch der bayerischen Sprache.** Honnefer Buchverlag KG, Bad Honnef 1976.
Sehr interessantes Wörterbuch alt- und urbayrischer Wörter, siehe entsprechendes Kapitel in diesem Buch.

ZEHETNER, L.: **Das bayrische Dialektbuch.** C.H.Beck, München 1985
Sehr guter Gesamtüberblick über das Bairische.

...und das ist noch nicht alles!

Wortliste

Hier sind noch einmal fast alle Wörter, die in diesem Büchlein vorkommen, in alphabetischer Reihenfolge aufgelistet. Die Zahlen hinter den Einträgen verweisen auf die Seite(n), auf der man die entsprechenden Ausdrücke findet..

A

B

H

M

N

S

Kauderwelsch „Slang"

Die Sprache des Alltags – ohne Wenn und Aber:

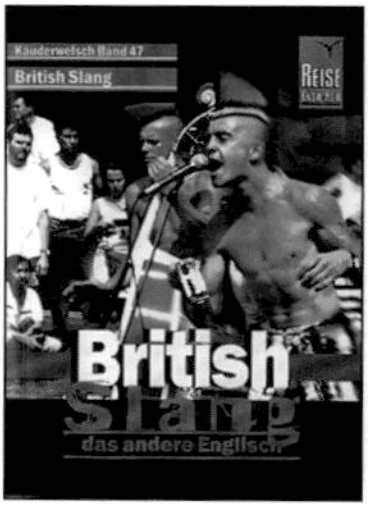

V. Sierra-Naughton
British Slang

ISBN-10: 3-89416-037-3

H.-J. Fründt
Spanisch Slang

ISBN-10: 3-89416-247-3

H. Kayser
Französisch Slang

ISBN-10: 3-89416-017-9

M. Blümke
Italienisch Slang

ISBN-10: 3-89416-300-3

M. Malzahn
Scots

ISBN-10: 3-89416-277-5

Elke Walter
Irish Slang

ISBN-10: 3-89416-479-4

Reise Know-How Verlag, Bielefeld

Kauderwelsch „Dialekt"

Die Sprache des Alltags – ohne Wenn und Aber:

K. Werner & E. Bendixen
Sächsisch – das wahre Deutsch
ISBN-10: 3-89416-264-3

Beyerl, Hirtner, Jatzek
Wienerisch – das andere Deutsch
ISBN-10: 3-89416-269-4

Isabelle Imhof
Schwiizertüütsch – das Deutsch der Eidgenossen
ISBN-10: 3-89416-261-9

Raoul H. Niklas Weiss
Elsässisch – die Sprache der Alemannen
ISBN-10: 3-89416-514-6

S. Burger & A. Schwarz
Schwäbisch – das Deutsch im Ländle
ISBN-10: 3-89416-327-5

Jens Sobisch
Fränkisch – das Deutsch Bayerns besserer Hälfte
ISBN-10: 3-89416-474-3

REISE KNOW-HOW Verlag, Bielefeld

Der Autor

Richard H. Kölbl kam am **Frauadåg** anno LXVII, also mitten im Hochsommer, mitten in Bayern zur Welt. Gut ist ihm noch ein prägendes Erlebnis in Erinnerung, das höchstens dreieinviertel Jahre später stattfand: Auf die Frage des Knaben, wie die Sprache heiße, die er da täglich von Verwandten und (damals noch existenten) Kramerladenbetreiberinnen um sich höre, wurde ihm beschieden: **Boarisch**. Wohlgemerkt – nicht Deutsch!

Auf dieses Idiom also konditioniert, trieben ihn seine Wander- und Lehrjahre weit nach Norden, zuerst nach Reykjavík, dann nach Kiel, bis er schließlich in Karlsruhe als Diplomgeologe vorerst hängenblieb. Obwohl er sich in dieser Zeit zweier Fremdsprachen ausgiebigst bedienen mußte (Deutsch, Isländisch, siehe entsprechenden Kauderwelschband), verlernte er nix, aber auch gar nix von seinem **Boarisch** – im Gegenteil: selbst in Kiel färbte es ab auf die Umgebung, hähä! Um selbst noch dazuzulernen und einen eigenen kleinen Beitrag zum Erhalt dieses „liebenswerten Dialekts" (Originalzitat Henning aus Kiel!) zu leisten, hat er in wiederum sehr guter Zusammenarbeit mit dem Peter Rump Verlag vorliegendes Büchel verfasst.

EXTRA BAVARIAM NON EST VITA ET SI EST NON EST ITA!